죽음을 철학하는 시간

· 죽음 명상 ·

불교신문명상
시리즈

죽음을
철학하는 시간

죽음 명상
Death Meditation

이일야

지음

불교신문사

머리말.

  의도한 것은 아니지만 언젠가부터 글쓰기가 일상이 되고 있다. 신문이나 잡지에 꾸준히 연재를 하다 보니 그렇게 된 것 같다. 연재를 마치면 그동안 쓴 글들을 엮어서 한 권의 책으로 출간하는 일이 계속 되었다. 그래서인지 작업이 끝나고 나면 '다음에는 어떤 주제로 글을 써야 하지?' 라는 생각이 나도 모르게 들곤 하였다. 어찌 보면 전문 작가도 아니면서 작가처럼 살고 있는 셈이다.

  몇 해 전 『동화가 있는 철학 서재』라는 책을 출간한 적이 있다. 어린 시절 읽었던 동화 속에서 철학적 의미를 찾기 위해 쓴 책이다. 이 책도 월간 〈송광사〉에 3년 동안 연재한 글을 모아 출간한 것이다. 작업을 마치고 나서 어떤 주제로 다음 글을 이어갈까 고민하다 문득 초등학교 1학년 때 눈앞에서 죽음을 목격한 기억이 떠올랐다. 그래서 죽음이라는 주제로 글을 써도 좋겠다는 생각을 하게 되었다.

위대한 철학자나 종교인이 세상을 떠나면 사람들은 묘비명을 새겨서 그들의 삶을 추억하였고, 불교의 선사들은 입적에 드는 순간 열반송을 남기고 고요 속으로 떠났다. 이러한 묘비명이나 열반송 등을 소개하고 그 안에 담긴 의미를 오늘의 시각에서 해석하고 싶었다. 마침 이준엽 불교신문 광주·전남지사장을 만났을 때 이런 생각을 나누었는데, 좋은 아이디어라며 신문에 연재할 수 있도록 주선을 해주었다.

『죽음을 철학하는 시간』은 그렇게 불교신문과 인연이 되어 세상에 나온 책이다. 아이디어 차원에서 생각한 일이 의외로 커진 느낌이다. 본래는 2주에 한 편씩 원고를 쓰기로 기획했는데, 1주에 한 번 써달라는 신문사 요청으로 의도치 않게 1년 동안 강행군을 해야만 했다.

이 책은 연재한 글 가운데 선사들의 열반송을 중심으로 엮고 새롭게 쓴 원고들을 합해서 출간한 것이다. 그들이 고요 속으로 떠나기 직전 제자들과 법담을 나누면서 열반송을 읊는 순간은 죽음(涅槃)을 노래하는(頌) 시간이었다. 그 시간이 어떤 의미인지 오늘의 시선에서 성찰해보고 싶었던 것이다.

이 한 권의 책에는 수많은 소중한 인연들이 담겨 있다. 개인적으로 스승이신 강건기 선생님은 글을 쓸 때 늘 마음을 활짝 열어놓아야 한다는 조언을 해주신다. 글이 잘 써지지 않고 막힐 때마다 그 말씀을 떠올리면, 글을 이어가는 데 많은 도움이 된다. 불교뿐만 아니라 삶을 대하는 자세, 글을 쓰는 방법과 태도 등 그분께 배운 것이 너무도 많다. 참으로 닮고 싶은 분이다. 이 자리를 빌려 존경과 감사의 마음의 전하고 싶다.

앞서 언급한 이준엽 지사장 역시 어떤 마음으로 글을 써야 하는지에 대한 조언을 아끼지 않는다. 중학생도 읽을 수 있는 글을 써야 한다는 조언은 지금까지 마음속에 소중하게 간직하고 있다. 참으로 감사한 분이다. 원고를 보낼 때마다 글이 빛날 수 있도록 편집을 해준 김선두 기자에게도 고마운 마음을 전한다. 2016년 출간한 『아홉 개의 산문이 열리다』에 이어 두 번째 맺어진 귀한 인연이다. 이 책이 나올 수 있도록 배려를 해준 불교신문사 사장 현법스님과 출판과 편집을 위해 애써준 여태동 논설위원 등 출판사 가족 모두에게 감사의 마음을 전한다.

불기 2566년 9월
성작산 아래 초가에서
이일야 합장

차례.

차례.

10

죽음, 낯선 혹은 불편한 만남

몇 해 전 필자가 몸담고 있는 불교대학에서 〈죽음 명상〉이라는 과목을 개설한 적이 있다. 죽음이라는 냉엄한 현실을 직시하고 앞으로 남은 삶을 어떻게 가꿀 것인가 성찰해보자는 의도에서 기획된 강좌였다. 당시 이 분야를 오랫동안 연구한 전문가를 모시고 진행했는데, 기대한 것처럼 처음에는 반응이 매우 좋았다. 그런데 수업이 진행되면서 뜻하지 않은 상황과 마주하게 되었다. 수업에 참여한 일부 학인들이 죽음이라는 상황을 불편하고 힘들어하기 시작한 것이다. 급기야 중간에 그만둔 학인도 생겼다. 그때 느꼈다. 우리는 언젠가 늙고 병들어 죽는다는 것을 알고 있지만, 그 죽음이 나의 현실로 다가오면 쉽게 받아들일 수 없다는 사실을 말이다. 죽음은 낯선, 혹은 불편한 만남이었던 것이다.

철학자 하이데거(Martin Heidegger, 1889~1976)에 의하면 생각은 전혀 기대하지 않았던 상황과 만날 때 일어난다고 한다. 다시 말하면, 익숙한 상황이 아니라 낯선 상황과의 만남에서 생각이 발생한다는 뜻이다. 예를 들어 평소 긴 머리만 고집하던 여성이 어느 날 짧게 자른 모습으로 나타났다고 해보자. 늘 긴 생머리가 익숙했는데, 짧은 머리라는 낯선 상황과 만나서 우리는 '저 여성에게 무슨 일이 생긴 것은 아닐까?' 하고 생각을 하는 것이다. 몇 년 만에 벗을 만났는데 승복 차림을 하고 나타났을 때도, 술이라고는 전혀 입에 대지 않던 사람이 매일같이 술을 마실 때도 우리는 저 친구에게 무슨 일이 생기지 않았나 하고 생각을 한다. 이처럼 낯선 상황은 우리를 생각의 세계로 이끄는 조건이 된다.

죽음이라는 현실과 만나는 것 또한 익숙하지 않은 일이다. 사랑하는 사람이 죽었을 때 우리는 삶과 죽음에 대해 이런저런 생각을 하지만, 그런 생각이 오래 가지는 않는다. 여전히 죽음은 관념 속에만 머물고 있는 나와 상관없는 문제일 뿐이다. 그런데 어떤 계기를 통해 죽음이 나의 문제로 다가오면, 매우 낯설고 불편하게 느껴진다. 때로는 무서운 생각이 들어 자꾸만 그 상황을 외면하고 싶어진다. 그렇다면 죽음이라는 낯선 상황과 만났을 때 고개를 돌리는 것이 아니라 정면으로 직시해서 우리들 삶(生)이 깨어나는(覺) 계기로 삼을 수는 없을까? 〈죽음 명상〉 수업 과정에서 느낀 문제의식이었다.

역사의 한 페이지를 장식한 위대한 종교가나 철학자들은 죽음이라는 상황을 피하지 않고 정면으로 맞선 인물들이다. 예컨대 붓다가 좋은 본보기라고 할 수 있다. 왕의 아들로 태어난 싯다르타는 왕궁이라는 익숙한 환경에서 늘 좋은 집과 좋은 음식을 즐기면서 살고 있었다. 그러던 어느 날 성문 밖으로 나간 그는 늙고 병들어 죽은 사람을 만나게 된다. 흔히 사문유관(四門遊觀)으로 알려진 이 충격적이고 낯선 상황과의 만남에서 젊은 싯다르타의 삶(生)은 깨어나기(覺) 시작한다. 그는 생로병사(生老病死)라는 엄연한 실존 앞에 머뭇거리지 않고 이 문제를 정면으로 직시하였다. 그는 '삶과 죽음이란 무엇인가?'를 생각하고 그 해답을 찾아 출가하여 마침내 깨달음을 얻게 된다. 낯선 상황과의 만남이 생사의 문제를 해결하고 한 인간을 위대한 성자로 만든 것이다. 우리가 붓다에 주목하는 이유도 바로 여기에 있다.

흔히 인간을 생각하는 동물이라고 정의한다. 그러나 평소 생각을 하면서 사는 사람은 그리 많지 않다. 우리들 일상이 익숙한 상황의 연속이기도 하지만, 업(業)의 관성에 따라 어제와 같은 오늘을 살기 때문에 더욱 그렇다. 그래서 낯선 상황과의 만남은 우리를 사유(思惟)와 성찰의 세계로 안내하는 역할을 한다. 죽음이라는 낯선, 혹은 불편한 만남을 통해 자신을 돌아보고 앞으로의 삶을 주체적이고 능동적으로 설계하는 것은 인간만이 할 수 있는 일이다. 우리들 삶을 일깨우는 비밀이 바로 생각에 있었던 것이다. 다음은 수안스님이 부른 〈참 다행이다〉라는 노래의 가사다.

나와 다른 사람들이 내 마음과 같지 않아서
참 다행이다

내 마음과 같아서 내가 가는 곳마다
사람들이 넘쳐난다면
나와 다른 사람들이 내 마음을 알지 못해서
참 다행이다
내 마음을 알아서 내가 하는 생각을
사람들이 모두 안다면
나는 아마 자유롭지 않을 거야
어디를 가든 어떤 생각을 하든
내가 혼자 있는 시간은
존재할 수 없을 거야
음… 우우우우우우
내 마음과 같지 않아서 내 마음을 알지 못해서
참 다행이다

  우리는 상대가 내 마음과 같지 않아서, 혹은 내 마음을 알지 못해서 속상해하는데, 여기에서는 오히려 참 다행이라고 노래한다. 상대가 내 마음과 같다면, 내가 어디를 가든 어떤 생각을 하든 혼자 있는 시간은 없을 것이고 그래서 자유롭지 못할 것이기 때문이라는 것이다. 예를 들어 자식들이 부모님의 마음을 알아주지 못하면 속상하기 마련이다. 그런데 이때 '내 마음과 같지 않다고 해서 왜 속상한 것일까?'라는 질문을 하면 상황이 완전히 달라질 수 있다. 너무도 당연하다고 생각한 상황이 낯설게 느껴지고 '맞아. 속상할 일이 아니라 오히려 다행이지'라는 사고의 전환을 할 수 있게 된다. 그러면 자식들이 내 마음을 알지 못한다고 해서 상처 받는 일은 줄어들 것이다. 오히려 잠자고 있던 삶(生)이 깨어나(覺) 새로운 삶, 자유로운 삶을 만끽할 수 있지 않을까.

〈죽음을 노래하는 시간〉은 죽음이라는 낯선 상황과 만나 우리의 사유를 일깨우기 위한 의도에서 시작되었다. 우리는 당장 내일의 일이 어떻게 될지 아무도 모른다. 그만큼 삶은 불확실하다는 뜻이다. 그러나 내가 언젠가 죽는다는 것은 확실한 사실이다. 이처럼 자명한 사실 앞에 죽음을 불편하게 생각할 필요는 전혀 없다. 우리가 죽음에 대해 성찰하는 이유도 다른 것이 아니라 이를 통해 현재를 잘 살아가기 위한 것이다. 산다는 것은 곧 죽는다는 것을 의미하기 때문이다. 누군가 50년을 살았다는 것은 자신의 전체 삶에서 50년이 죽었다는 의미가 된다. 삶은 곧 죽음과 같은 것이다.

이 책은 불교에서 큰 족적을 남긴 선사들의 마지막 모습이나 이승을 떠나기 전에 남긴 열반송(涅槃頌), 전법게(傳法偈) 등을 통해 인문학의 근본 물음인 '인간이란 무엇이며, 어떻게 살 것인가?'를 오늘의 시선에서 성찰해보고자 한다. 이를 위해 중국과 한국을 대표하는 선사들을 중심으로 이야기를 펼쳐보았다.

이 책에는 중국에 선불교를 전한 보리달마(菩提達磨)부터 조계종 통합종단 초대 종정을 지낸 효봉학눌(曉峰學訥)까지 모두 30명의 인물이 등장한다. 출가사문뿐만 아니라 중국의 방거사(龐居士)와 한국의 부설거사(浮雪居士)도 포함되어 있다. 각 인물마다 앞에서는 인상적인 생애나 사상을 요약하고 뒤에서는 열반송에 담긴 의미를 오늘의 시선에서 해석해 보았다. 등장인물을 연대순으로 배열하긴 했지만, 굳이 순서대로 읽을 필요는 없다. 그저 마음 가는 인물을 펼쳐서 읽으면 된다.

여기에 등장하는 인물들은 출가와 재가를 막론하고 모두 잘 살다 잘 죽은 이들이다. 한 인물의 마지막 모습에는 그의 삶 전체가 담겨 있다. 그렇기 때문에 잘 죽었다는 얘기는 잘 살았다는 의미가 된다. 불교에서 흔히 '갈 때 보자'고 하는데, 바로 이를 의미한다. '잘 가신 분'이란 뜻의 선서(善逝)가 붓다의 명호 가운데 하나인 것도 다 이유가 있는 셈이다. 우리는 잘 가기 위해 잘 살아야 하는 것이다.

아무쪼록 이 책이 '인간이란 무엇이며, 어떻게 살 것인가?'라는 문제의식을 갖고 삶과 죽음의 의미를 고민하는 분들에게 조금이라도 도움이 되었으면 하는 바람이다. 어쨌든 우리는 잘 살아야 하니까 말이다.

01. 보리달마(菩提達磨)

달마가 동쪽으로 간 까닭은?

새로운 불교의 탄생

불교 수업을 하다가 보리달마(Bodhidharma, 菩提達磨, ?~528)와 관련된 이야기가 나오면 일부러 그가 어느 나라 사람인지 아느냐고 묻곤 한다. 그러면 달마가 중국인이라고 답하는 경우가 의외로 많다. 특히 불교에 입문한 지 얼마 안 되는 학인에게서 많이 들을 수 있다. 때로는 한국인이라 답하기도 한다. 우리나라 사람들은 달마도가 좋은 기운을 가져다준다고 해서 집이나 가게에 많이 걸어놓는데, 정작 그에 대해서는 잘 모르고 있는 것이다. 달마는 남인도 향지국(香至國)의 왕자 출신으로 출가하여 깨달음을 얻고 중국으로 건너가 선불교를 최초로 전한 인물이다. 그러니까 선종(禪宗)의 초조(初祖)가 되는 셈이다. 그렇다면 그가 인도를 떠나 저 먼 중국 땅으로 가서 전하고자 한 메시지는 무엇이었을까?

20

달마는 여러 면에서 신비한 아우라가 느껴지는 인물이다. 생애에 관한 기록도 분명하지 않으며, 전하는 문헌마다 차이를 보이기도 한다. 그가 중국에 건너온 것은 대략 520년경으로 추정하고 있다. 그때 양(梁)나라 무제(武帝, 464~549)와 만난 일이 널리 알려져 있다. 양무제는 독실한 불자로서 불교 교단을 위해 절과 탑을 세우고 보시도 많이 해서 전륜성왕(轉輪聖王), 즉 진리의 수레바퀴를 굴린 성스러운 왕으로 불린 인물이다. 그런 만큼 붓다의 나라에서 온 고승에게 인정을 받고 싶었던 것 같다. 그래서 무제가 달마를 만나 처음 던진 질문도 다름 아닌 자신이 승가를 위해 수많은 절과 탑을 세웠는데, 어떤 공덕이 있겠냐는 것이었다. 왕은 칭찬을 기대했지만, 달마는 차가운 표정으로 공덕이 하나도 없다(所無功德)고 잘라 말한다. 자신이 누구에게 무언가를 얼마만큼 보시했다는 상(相)을 냈기 때문이다. 이를 유주상보시(有住相布施)라 한다. 상을 내지 않는 무주상보시(無住相布施)를 실천해야 하는데, 왕은 생색을 냈기 때문에 그동안 쌓은 모든 공덕이 없어졌다는 것이다.

유쾌하지 않은 만남을 뒤로 하고 달마가 찾은 곳이 바로 숭산(崇山) 소림사(少林寺)다. 이 절은 중국 무술로 널리 알려져 있지만, 실은 중국 선불교가 발생한 매우 뜻깊은 공간이다. 한마디로 선종의 성지라 할 수 있다. 이곳에서 그는 9년 동안 벽을 쳐다보고 수행을 하게 된다. 그래서 붙은 별명이 벽관바라문(壁觀婆羅門)이다. 달마가 소림사에서 일으킨 선불교의 불씨는 2조 혜가(慧可)와 3조 승찬(僧璨), 4조 도신(道信), 5조 홍인(弘忍), 6조 혜능(慧能)이라는 걸출한 인물들을 거처 중국 전역으로 타오르게 된다. 그 불꽃이 다시 동쪽으로 이어져 오늘의 한국불교를 있게 한 것이다. 우리나라 최대 종단인 대한불교조계종은 본래 선종(禪宗)이었다.

당시 중국불교는 천태종(天台宗)과 화엄종(華嚴宗)을 비롯한 교학불교(教學佛教)가 대세를 이루면서 치열하게 경쟁하고 있었다. 이처럼 여러 종파들이 경쟁하는 과정에서 학문의 발전이라는 긍정적인 효과도 있었지만, 불교의 본질을 상실했다는 부정적인 측면 또한 간과해서는 안 된다. 각 종파에서 소의(所依)로 하는 〈화엄경〉이나 〈법화경〉 등의 경전은 불교의 깨침을 설명하는 수단으로써 의미를 가진다. 비유하자면 이런 경전들은 달을 가리키는 손가락(標月之指)이라 할 수 있다. 그런데 종파 간에 지나친 경쟁이 펼쳐지면서 그들은 달이 아닌 손가락에 집착하게 된다. 수단과 목적이 전도된 것이다. 이것이 당시 달마의 눈에 비친 중국불교의 모습이었다.

그렇다면 어떻게 해야 불교 본래의 모습을 회복할 수 있을까? 달마가 느낀 문제의식이었다. 이에 대한 해결책으로 제시된 것이 그 유명한 선(禪)의 사구게(四句偈)다. 여기에는 당시 중국불교에 대한 비판뿐만 아니라 새로운 변화를 이끌 대안이 함께 담겨 있었다. 먼저 그는 손가락에 집착하고 있는 당시 불교계를 향해 '교학 이외에 따로 전하는 것이 있는데(教外別傳), 그것은 문자를 세우지 않는다(不立文字)'고 선언한다. 불교의 핵심인 깨침은 언어, 문자 중심의 교학이 아니라 마음과 마음으로(以心傳心) 전해졌다는 것이다. 달을 가리키는 손가락인 경전에 집착하고 있던 당시 불교계를 향한 날카로운 비판이었다. 이러한 비판에 근거해서 달마는 새로운 대안을 제시한다. 그것이 바로 사구게의 뒷부분에 해당되는 '곧바로 사람의 마음을 가리켜(直指人心), 성품을 보고 부처를 이룬다(見性成佛)'는 내용이다. 우리의 시선을 손가락에서 떼고 직접 달을 보라는 가르침이다. 경전이 아니라 마음을 중시하는 선불교가 탄생하는 순간이다.

새로운 불교가 등장하자 기득권을 누리고 있던 기존 불교계는 긴장하지 않을 수 없었다. 급기야 그들은 달마의 음식에 독약을 넣어 살해하려는 시도를 수차례에 걸쳐 하게 된다. 이곳에서의 인연이 다했다고 느낀 달마는 결국 독이 담겼다는 사실을 알면서도 음식을 먹고 조용히 앉은 채 열반에 든다. 다음은 그가 선불교의 2조인 혜가에게 법을 전하면서 남긴 게송이다.

"내가 본래 이 땅에 온 것은 진리를 전하고 중생을 구제하기 위한 것이니, 한 송이 꽃이 다섯 잎으로 열리면 열매는 저절로 이루어질 것이다(吾本來玆土 傳法救迷情 一華開五葉 結果自然成)."

근본으로 돌아가라

이처럼 달마는 독살로 생을 마감했지만, 그가 죽지 않고 인도로 돌아갔다는 이야기도 전한다. 달마가 입적하고 몇 년이 흐른 뒤 위(魏)나라의 송운(宋雲)이 사신으로 서역을 다녀오다가 그를 만났다는 것이다. 당시 달마는 신발 한 짝을 손에 들고서 맨발로 인도를 향해 가고 있었다고 한다. 이 사실을 왕에게 보고하고 달마의 무덤을 파보니 시신은 사라지고 나머지 신발 한 짝만 남아 있었다는 것이다. 어쩌면 달마가 동쪽으로 와서 자신의 할 일을 모두 마치고 마음의 고향으로 돌아간 것을 상징적으로 표현한 것이 아닐까 싶다. 그렇다면 그가 중국에 선불교를 전하면서 던진 메시지는 무엇이었을까? 그가 혜가에게 전한 게송을 통해 가늠해보기로 하자.

달마는 선불교를 전하면서 경전이 아니라 직접 마음을 보라고 강조하였다. 경전이 의미가 없어서가 아니라 그것은 마음을 가리키는 방편이기 때문에 목적과 혼동해서는 안 된다는 뜻이다. 아무리 경전이 중요하다고 해도 그 자체가 목적이 될 수는 없다. 그리고 달을 가리키는 수단으로 꼭 손가락만 필요한 것도 아니다. 지팡이나 연필 등을 통해서도 얼마든지 달을 가리킬 수 있다. 중요한 것은 이러한 수단을 통해 달을 보아야 한다는 사실이다.

그런데 당시 사람들의 시선은 손가락에 머물러 있었기 때문에 달마는 직접 달을 보기 위한 대책이 필요하다고 느꼈다. 그것이 바로 교학을 부정하는 일이었다. 앞서 언급한 교외별전(敎外別傳)과 불립문자(不立文字)가 그것이다. 선불교에서는 손가락이 달을 가리키는 역할을 충실히 수행한다면 매우 긍정적으로 받아들인다. 반면에 손가락이 이를 방해한다면 아프더라도 잘라버리는 파격적인 모습을 보이기도 한다. 선어록에 경전이나 불상 등을 태우는 장면이 나오는 이유가 있었던 셈이다. 달마는 당시 중국불교에 '무엇이 중헌디?'라는 살아있는 질문을 던진 것이다.

그렇다면 달마는 견성(見性), 즉 달을 보는 것으로 모든 일을 마쳤다고 했을까? 그는 아니라고 한다. 마음을 깨치면 반드시 중생 구제를 위한 전법 활동을 해야 한다는 것이다. 달마가 인도에서 멀고도 낯선 중국 땅까지 온 이유도 바로 여기에 있다. 붓다는 진리를 깨친 제자들을 향해 '한 길을 두 사람이 가지 말라'고 강조하였다. 조금이라도 더 많은 중생들을 구제하기 위해서다. 게송에서 볼 수 있는 것처럼 달마는 미혹한 중생을 구원하기 위해 한 송이 꽃이 되어 중국으로 온 것이다. 그 꽃은 다시 다섯 잎으로 번져서 중생들을 이롭게 하는 열매를 맺었다. 다섯 잎이란 선종의 다섯 종파(五家), 즉 위앙종(潙仰宗)과 임제종(臨濟宗), 조동종(曹洞宗), 운문종(雲門宗)과 법안종(法眼宗)을 가리킨다. 중국의 선불교를 화려하게 장식한 열매들이다. 그 꽃향기가 바람을 타고 동쪽으로 날아와 오늘날 한국불교의 정체성을 이루고 있는 것이다.

이러한 달마의 가르침은 불교의 목적이 어디에 있는지 분명하게 보여주고 있다. 불교는 누가 뭐라 해도 깨침(覺)을 본질로 하는 종교다. 중생 싯다르타가 붓다가 된 것도 존재의 실상을 깨달았기 때문이다. 그래서 불교를 각교(覺敎)라 부르기도 한다. 그러나 깨달음이 불교의 최종 목적지는 아니다. 그것은 바로 자비를 실천하는 데 있다. 깨침이 중요한 것도 이를 통해 진정한 자비(慈悲)의 실천이 가능하기 때문이다. 사홍서원(四弘誓願)에서 모든 중생을 구제하겠다는 서원(衆生無邊誓願度)이 가장 앞에 나오는 이유도 여기에 있다.

중생구제라는 목적을 이루기 위해 모든 번뇌를 끊고 법문을 배우며 성불하는 것이다.

1989년 상영된 〈달마가 동쪽으로 간 까닭은?〉이라는 제목의 불교영화가 있다. 2019년 '한국영화 100년사 10선(選)'에 선정되기도 한 이 영화는 삶과 죽음의 문제, 그리고 인간의 세속적 욕망과 깨달음의 세계를 아름다운 화면으로 그려내 국내외에서 호평을 받은 작품이다. 이 제목은 본래 조사서래의(祖師西來意), 즉 조사가 서쪽에서 온 뜻이 무엇이냐는 말에서 유래하였다. 여기에서 조사는 달마를 가리킨다. 그가 서쪽인 인도에서 중국으로 건너와 선불교를 전한 배경이 자리하고 있는 것이다. 그런데 이 질문은 쉽게 던지고 답할 수 있는 것이 아니다. 이 물음에는 불교의 본질이 어디에 있는지, 당신이 깨친 소식이 있으면 말해보라는 뜻이 담겨 있기 때문이다. 잘못 답했다가는 자신의 공부 밑천이 모두 드러나는 날선 질문인 것이다.

붓다의 가르침을 믿고 따르는 불자(佛子)라면 이 질문으로부터 벗어날 길도 없으며 회피해서도 안 된다. 여기에는 내가 왜 불교를 신앙하는지, 그것이 내 삶에 어떤 의미인지 성찰하라는 의미 또한 담겨 있기 때문이다. 내 삶에 대한 근원적인 질문인 것이다. 그러니 다른 사람이 질문하기 전에 스스로 물어보는 것은 어떨까? 달마가 동쪽으로 간 까닭은 무엇이냐고 말이다. 근본으로 돌아가 성찰해 볼 일이다.

바보야, 문제는 집착이야

새로운 전통의 탄생

중국 선불교의 역사에서 가장 드라마틱한 장면을 뽑으라면 5조 홍인(弘忍, 601~674)이 6조 혜능(慧能, 638~713)에게 법(法)을 전하는 순간에 한 표를 던지고 싶다. 이는 선불교의 역사를 바꾼 일대 사건이기 때문이다. 당시 홍인의 문하에는 신수(神秀, 606~706)라는 뛰어난 제자가 있었는데, 모두들 그가 스승의 법을 이을 것이라 생각했다. 그러나 역사는 남쪽 변방에서 올라온 시골뜨기 청년에게 주연의 자리를 내주고 말았다. 단단한 기득권을 형성하고 있던 최고의 엘리트가 일자무식의 굴러온 돌에게 밀린 것이다. 과연 그 까닭은 어디에 있을까?

혜능은 홀어머니를 모시고 사는 가난한 나무꾼이었다. 어느 날 가게에다 땔감을 팔고 나오는데, 그 안에서 '마땅히 머무는 바 없

이 마음을 내라(應無所住而生其心)'는 경 읽는 소리를 듣고 온몸에 전율이 일었다. 〈금강경〉의 이 구절에 마음이 꽂힌 청년은 그 의미를 깨치기 위해 홍인 선사를 찾아가게 된다. 멀리까지 왜 왔느냐는 질문에 제자는 '부처되기 위해서'라는 당돌한 대답을 한다. 홍인은 이놈이 진짜 물건인지를 알아보기 위해 엉뚱한 질문을 던진다. 남쪽 오랑캐 놈이 어찌 감히 부처를 꿈꾸느냐고 물은 것이다. 이때 제자가 스승에게 강력한 카운터펀치를 날린다.

"사람에게는 남과 북이 있지만, 불성(佛性)에 어찌 남과 북이 있겠습니까?"

'아!' 하는 감탄사가 나오지 않을 수 없다. 스승의 입장에서 이런 펀치는 맞으면 맞을수록 기분이 좋은 법이다. 물건이 될 만한 재목이 찾아왔는데, 얼마나 기뻤겠는가. 하지만 스승은 속내를 숨긴 채 혜능을 방아 찧는 곳으로 보내고 만다. 자칫 박힌 돌들에게 해를 입지 않을까 염려했던 것이다. 낭중지추(囊中之錐)라는 말이 있듯이 그 사람이 물건이면 언젠가는 드러나기 마련이다. 결국 일이 터지고 만다. 홍인은 제자들에게 깨친 바가 있으면 글로 써서 제출하라고 말하는데, 이는 6조의 자리가 결정되는 매우 중요한 시험이다. 문제는 불교에 입문한 지 얼마 안 되는 혜능이 응시했다는 것이다. 다른 제자들은 당연히 신수가 법을 이을 것이라 생각해서 아무도 답안을 제출하지 않았는데 말이다. 결국 신수와 혜능 두 사람만 시험을 치른 셈이 되었다.

스승은 신수에게 평범한 B+학점을 준다. A학점을 주기에는 핵심을 건드리지 못했다고 판단했기 때문이다. 신수는 마음을 밝은 거울(明鏡)에 비유하고 먼지가 쌓이지 않도록 열심히 닦아야 한다는 답안지를 제출하였다. 그런데 혜능은 이와 달리 마음의 거울에는 본래 먼지가 없다고 하였다. 먼지가 있다고 가정하는 한 영원히 닦을 수밖에 없다고 생각했던 것이다. 그에게 중요한 것은 거울에는 본래 먼지가 없다는, 즉 마음이 공(空)하다는 실상을 단박에(頓) 깨치는 일이었다. 견성(見性), 돈오(頓悟)를 중시하는 새로운 전통이 탄생하는 순간이다. 마침내 스승은 혜능에게 A학점을 주고 자신의 법을 전수한다. 신수를 향한 마음이 아프긴 했지만, 어쩔 수 없는 일이었다. 아닌 것은 아닌 것이다.

이처럼 혜능이 6조의 자리를 물려받았지만, 상황이 그렇게 녹록하지는 않았다. 당시 신수를 따르는 이들이 혜능을 인정하지 않았을 뿐만 아니라 심지어 해치려고 했기 때문이다. 그는 15년이라는 기나긴 은거의 시간을 보낸 다음 역사의 전면에 등장하여 선불교의 역사를 새로 쓰게 된다. 드라마틱한 그의 삶은 〈단경(壇經)〉이라는 이름의 여러 버전으로 전해지고 있다. 몽산덕이(蒙山德異, 1231~1308)가 편찬한 덕이본에는 그의 마지막 유훈이 비교적 상세하게 나오는데, 필자의 마음에 꽂힌 열반송을 소개한다.

"마음 땅이 모든 씨앗을 머금었으니, 두루 비를 만나면 모두 싹을 틔운다네. 문득 깨달아 꽃의 정마저 놓아야, 진리의 열매 절로 익는다네(心地含諸種 普雨悉皆萌 頓悟花情已 菩提果自成)."

꽃에 대한 집착을 놓아야 열매를 맺는다

혜능의 열반게를 보면서 춘야희우(春夜喜雨)라는 두보(杜甫, 712~770)의 시가 떠올랐다. 글자 그대로 '봄밤에 내리는 반가운 비' 라는 뜻이다. 첫 구절이 "좋은 비는 시절을 알고 봄이 오면 내린다 네(好雨知時節 當春乃發生)."로 시작한다. 정우성 주연의 〈호우시절〉이 라는 영화 제목도 여기에서 따온 것이다. 봄비가 내려 여러 생명들 이 싹을 틔우는 것처럼, 우리의 마음에도 촉촉이 비가 내리면 싹 을 틔우고 점점 성장하여 아름다운 꽃을 피우게 된다. 그렇다면 꽃 이 피는 단계에서 멈추고 이를 즐겨야 할까? 혜능은 마지막까지 경 계를 늦추지 않고 꽃에 대한 집착마저 놓아야 한다고 말한다. 그래 야 열매를 맺을 수 있기 때문이다. 강물이 강을 버려야 바다에 이 르는 이치와 같다 할 것이다.

그의 열반송에서 확인할 수 있는 것은 우리들 마음의 땅은 이미 불성(佛性)이라는 종자를 머금고 있다는 사실이다. 불성을 바라문 교의 아트만처럼 영원불멸하는 실체로 이해할 필요는 없다. 그렇게 되면 붓다의 근본 가르침인 무아를 정면으로 거스르는 일이 되기 때문이다. 불교를 신앙하는 이들을 불자(佛子), 즉 붓다의 아들, 딸 이라고 부른다. 자식이 아버지(佛)의 성품(性)을 닮는 것은 당연한 일이다. DNA가 같으니까 말이다. 불성이란 바로 붓다의 DNA, 붓다의 자식으로서 타고난 성품을 의미한다. 문제는 우리들이 이를 모른 채 탐진치(貪瞋癡) 삼독(三毒)에 빠져 중생살이를 하고 있다는 점이다. 따라서 우리들의 바탕이 본래 탐욕이나 성냄, 어리석음이라는 먼지가 없다(空)는 것을 깨치는 일이 중요하다.

불교에서는 삼학(三學)이라고 해서 계율(戒)과 선정(定), 지혜(慧) 공부를 중시한다. 계학은 계율을 바르게 지켜 그릇된 행위를 다스리는 것이고 정학은 산란한 마음을 고요히 하는 수행이며, 혜학은 어리석음을 대치하는 공부다. 그런데 혜능은 삼학을 우리의 본래 마음인 자성(自性)으로 압축하여 새롭게 해석한다. 즉 우리의 마음 땅에 본래 그릇됨이 없는 것이 자성계(心地無非自性戒)이고 산란함이 없는 것이 자성정(心地無亂自性定)이며, 어리석음이 없는 것이 자성혜(心地無痴自性慧)라는 것이다. 이를 그릇됨과 산란함, 어리석음을 대치하는 수상삼학(隨相三學)과 대비하여 자성삼학(自性三學)이라 한다.

그런데 우리의 자성이 본래 청정한 씨앗을 갖추고 있더라도 싹을 틔우지 않으면 아무런 소용이 없다. 발심(發心)을 하고 스승이라는 좋은 비, 좋은 인연을 만나야 싹이 돋아나 아름다운 꽃을 피울 수 있다. 문제는 꽃이 아름답다고 해서 여기에 머물러서는 안 된다는 것이다. 꽃에 대한 집착마저 놓아야 비로소 진리의 열매를 맺을 수 있기 때문이다. 혜능이 마지막까지 제자들에게 당부한 것도 바로 집착에 대한 경계였다.

오래 전 〈단경〉을 공부하면서 마음에 깊이 각인된 장면이 있다. 그가 홍인으로부터 법을 전수 받고 15년 동안 은거하다가 역사의 전면에 등장하는 순간이다. 어느 날 혜능이 법성사(法性寺)에 찾아 갔는데, 당시 두 승려가 바람이 움직이는지, 아니면 깃발이 움직이는지 논쟁을 벌이고 있었다. 그때 이를 종식시키는 혜능의 한마디가 울려 퍼졌다.

"바람이 움직이는 것도, 깃발이 움직이는 것도 아니다. 다만 그대들의 마음이 움직이고 있을 뿐이다."

이 대목에서도 '와!' 하는 감탄사와 함께 왜 마음이 움직인다고 했을까 궁금했다. 이유는 단순하다. 한 승려의 마음은 온통 바람으로 가득해서 깃발을 담을 여지(餘地)가 없었고 다른 승려는 나부끼는 깃발에 집착해서 바람을 담을 마음의 공간이 없었기 때문이다. 결국 움직인 것은 그들의 마음이었다. 그저 바람이 불고 깃발이 날린 것인데, 그들의 마음이 바람과 깃발 한쪽에 집착했기 때문에 다른 것을 볼 수 없었을 뿐이다. 만약 옆에서 누군가 쓰러졌더라도 보이지 않았을 것이다. 이는 마치 초인종을 여러 번 눌러도 집 안에 있는 사람이 드라마에 정신이 팔려 있으면 그 소리를 듣지 못하는 것과 같다.

어찌 보면 두 승려는 보고 싶은 것만 보고, 듣고 싶은 소리만 듣는 오늘의 우리 모습과 별반 다르지 않다. 나만 옳다는 편견이나 선입견으로 세상을 바라보면 다른 이들의 생각을 담을 여유가 없게 된다. 모든 문제의 근원은 집착에 있었던 셈이다. 이때 필요한 것이 무엇일까? 바로 마음의 색안경을 벗는 일이다. 그래야 비로소 사람에게는 남과 북이 있지만, 불성에는 남과 북뿐만 아니라 동과 서, 보수와 진보도 없다는 것을 깨칠 수 있다. 혜능이 화정(花情), 즉 꽃에 대한 집착마저 놓아버려야 한다고 강조한 이유도 여기에 있다. 우리가 그와 같이 살 수는 없어도 내 안의 화정을 직시하고 상대를 담을 수 있는 마음의 작은 공간 하나쯤 비워둬야 하지 않을까. 그 정도는 되어야 붓다의 자식(佛子)이라고 말할 수 있을 테니 말이다.

꿈에서 깨어나라

어느 마음에 점을 찍겠는가?

'오늘도 마음의 점(點心) 맛있게 잘 찍으세요'

12시 전후에 문자 보낼 일이 있으면, 인사말 대신 전하는 글귀다. 요즘엔 맛있는 점심 드시라는 의미로 '맛점하세요'라는 말을 많이 쓰지만, 개인적으로 '마음의 점'을 고집하고 있다. 이런 습관은 오래 전 덕산선감(德山宣鑑, 782~865)과 어느 노파 사이의 인상 깊은 대화를 접하면서 시작되었다. 이 대화를 계기로 덕산은 당대 최고의 학승(學僧)에서 선승(禪僧)으로 질적 전환을 이루게 된다. 도대체 둘 사이에는 어떤 대화가 오고 갔으며, 매일같이 먹는 점심에는 어떤 철학적 물음이 담겨 있을까?

덕산은 당나라 때의 선사로 사천성(四川省) 검남(劍南) 출신이다.

그는 일찍이 출가하여 20세에 구족계(具足戒)를 받았으며 대소승을 막론하고 여러 경전에 통달했다고 전한다. 특히 〈금강경〉에 조예가 깊었기 때문에 속성인 주(周) 자를 붙여 주금강이라고 불렀다. 그는 당시 남쪽 지역에 선불교가 유행한다는 소식을 듣고 몹시 못마땅하게 여기고 있었다. 아무리 오랜 시간 경전을 공부하고 계행을 지켜도 성불하기 어려운 일이다. 그럼에도 선종에서는 '교학 이외에 따로 전하는 가르침이 있는데(教外別傳) 그것은 문자를 세우지 않으며(不立文字), 사람의 마음을 곧바로 가리켜(直指人心) 성품을 보고 부처를 이룬다(見性成佛)'고 주장하기 때문이다. 그는 허풍 떠는 귀신들을 모조리 소탕하겠다는 마음으로 남쪽을 향해 발걸음을 옮겼다.

덕산은 평소 〈금강경〉에 관해서는 그 누구에게도 뒤지지 않는다는 자부심을 갖고 있었다. 〈금강경〉 박사답게 그는 『금강경소(金剛經疏)』를 걸망에 넣고 길을 떠났다. 길을 가는 도중 그는 자신의 삶을 완전히 바꾸게 되는 떡 파는 노파를 만난다. 마침 점심 먹을 시간이 되어서 떡을 사려 하자 노파는 걸망 속에 있는 것이 무슨 책이냐고 물었다. 『금강경소』라고 대답하자 노파가 내기를 걸어왔다. 만약 자신의 질문에 답을 하면 떡을 팔고 대답을 못하면 팔지 않겠다는 것이었다. 이 제안을 마다할 덕산이 아니었다. 자신 있는 표정의 덕산을 향해 노파는 날카로운 질문을 던진다.

"〈금강경〉에 '과거심도 얻을 수 없고 현재심도 얻을 수 없으며

© 여민

미래심도 얻을 수 없다'고 나오는데, 스님은 어느 마음에 점을 찍겠습니까?"

순간 덕산은 말문이 막혔다. 이런 문제는 어느 책에도 나오지 않기 때문에 답을 할 수 없었던 것이다. 크게 한 방 얻어맞고 의문의 1패를 당한 덕산은 결국 점심을 굶은 채 용담(龍潭)으로 향했다. 당시 그곳에는 숭신(崇信)이라는 유명한 선사가 주석하고 있었는데, 용담에 산다 해서 용담숭신이라 불렸다. 덕산에게 숭신은 교학(教學)이라는 무기로 소탕해야 할 첫 번째 표적이었다. 선사를 만난 덕산이 "용담이라고 와보니 용도 없고 연못도 보이지 않는다."며 짧은 펀치를 날렸다. 그러자 숭신은 웃으면서 "용담에 잘 도착했네."라며 반갑게 맞아주었다. 또 다시 말문이 막힌 덕산은 의문의 2패를 당한 기분이었다.

용담에 머물게 된 덕산은 숭신으로부터 결정적인 한 방을 맞고 선승으로 거듭나게 된다. 어느 날 밤 선사와 대화를 마치고 나오면서 밖이 어둡다고 말을 하자 숭신은 호롱불을 하나 건네주었다. 덕산이 호롱불을 받으려고 하자 선사가 갑자기 불을 훅 하고 꺼버렸다. 그 순간 덕산은 깨침에 이르게 된다. 그동안의 경전 공부가 지식 차원에만 머물렀는데, 선사의 입김 한 방에 알음알이가 사라지고 마음의 문이 활짝 열린 것이다. 큰 절을 올리는 제자를 향해 스승은 무엇을 보았는지 묻는다. 그러자 제자가 답한다.

"지금부터 견성성불의 가르침을 절대로 의심하지 않겠습니다."

〈금강경〉 박사가 선승으로 거듭나는 순간이다. 그는 짊어지고 왔던 『금강경소』를 모두 불태워버렸다. 지금까지 공부한 것들은 바다에 떨어진 한 방울의 물과 같다고 느꼈기 때문이다. 이때부터 그는 번쇄한 지식의 세계에서 벗어나 선사로서 수많은 제자들을 마음의 세계로 인도하게 된다. 그는 불교의 핵심을 묻는 제자들을 향해 몽둥이를 휘두르는 독특한 방법으로 일가를 이루었다. 이른바 덕산방(德山棒)이 그것이다. 그는 84세에 이르러 다음의 열반송을 남긴 채 고요 속으로 떠났다.

"허공을 더듬고 메아리를 쫓는 것은 그대들 마음을 괴롭힐 뿐이다. 꿈에서 깨어나면 그릇된 것임을 깨칠 것인데, 다시 무슨 일이 있겠는가(捫空追響勞汝心神 夢覺覺非竟有何事)."

미망을 깨는 몽둥이

선(禪)의 세계에서는 상식적으로 이해할 수 없는 일들이 종종 벌어진다. 누군가 '불교란 무엇인가?'라고 물으면, '산에는 꽃이 피네'라고 하거나 '차나 한잔 마시고 가라'는 등의 엉뚱한 답을 하곤 한다. 질문과 전혀 관계없는 대답을 하는 경우 선문답과 같다고 하는데, 여기에서 유래한 것이다. 동문서답이 선에서는 일상적인 일이다. 제자의 질문에 '악!' 하고 큰소리를 지르거나 몽둥이로 상대를 때리는 과격한 행동을 보이는 선사들도 있다. 대표적인 인물이 임제의현(臨濟義玄, ?~867)과 덕산선감이다. 제자를 가르치는 이들의 방법을 흔히 '임제할덕산방(臨濟喝德山棒)'이라고 한다. 흥미로운 것은 고함소리를 듣거나 몽둥이를 맞은 제자들이 실제로 마음의 눈을 뜬다는 사실이다. 특히 당나라 때 선의 독특한 방식으로 깨침에 이른 인물들이 매우 많이 나온다. 그래서 이 시기를 가리켜 '선의 황금시대'라 부른다.

덕산은 허공을 더듬고 메아리를 쫓으면서 살아가는 우리에게 꿈에서 깨어나라는 마지막 유훈을 남겼다. 우리가 미망에서 깨어나지 못하고 허공과 메아리에 집착하는 이유는 그것이 실재한다고 믿기 때문이다. 이는 마치 술에 취해 길을 걷다가 전봇대에 머리를 부딪치면 하늘에서 별이 보이는 것과 비슷하다. 누구나 그 별이 착각임을 알지만, 당시에는 그것이 실재한다고 믿는다. 눈병이 났을 때도 환화(幻花), 즉 눈앞에 아른거리는 허공 꽃이 마치 진짜로 있는 것처럼 느껴진다. 하늘의 별이나 환화 모두 덕산이 말한 허공(空)과 메아리(響)에 해당된다. 중생은 이것들에 얽매어 스스로를 괴롭히면서 살아가는 존재다.

이를 좀 더 구체적으로 살펴보기로 하자. 먼저 마음이 지나간 과거에 집착하게 되면 우리는 현재를 '있는 그대로' 살지 못한다. 예컨대 운전을 하다 접촉사고가 일어났다고 해보자. 안타까운 일이긴 해도 이미 벌어진 일을 돌이킬 수는 없는 법이다. 그런데 우리는 교통사고라는 불쾌한 사건을 무의식에 간직한 채 다음 상황을 마주하게 된다. 집에 도착해서 아무 일도 아닌 일에 화를 내기도 하고 홧김에 술을 마시다가 옆 테이블의 사람과 시비가 붙어 경찰서에 연행되기도 한다. 접촉사고라는 첫 번째 화살이 원인이 되어 두 번째, 세 번째 화살을 계속 맞고 있는 것이다. 과거는 이미 지나가고 없는데, 허공과 메아리에 사로잡혀 현재를 망치고 있는 모습이다.

이와 달리 아직 오지 않은 미래에 대한 불안과 걱정으로 현재를 살아가는 사람들이 있다. 회사에서 언제 잘릴지 모른다는 생각으로 불안한 오늘을 사는 직장인들의 마음은 벌써 저 먼 미래에 가 있다. 미래의 무언가를 위해서 오늘의 행복을 유보하는 경우도 마찬가지다. 모두 아직 오지 않은 허공과 메아리를 붙잡고 있는 형국이다.

현재에 집착하는 경우도 마찬가지다. 요즘 젊은이들 사이에 욜로(YOLO)족이라는 말이 유행하고 있다. 그들은 '인생은 단 한번뿐(You only live once)'이기 때문에 미래를 걱정하면서 살기보다는 현재의 행복을 누리겠다고 외친다. 그래서 기성세대와 달리 내 집 마련이나 노후 대비를 하는 대신 자동차를 사거나 여행을 하면서 현재의 삶을 즐긴다. 자신의 인생이 소중하기 때문에 현재를 즐기는 것은 충분히 공감할 수 있다. 그런데 일부의 지적처럼 욜로가 꿈과 희망의 상실에서 오는 소비 형태, 그러니까 열심히 일을 해도 아무것도 이룰 수 없다는 절망감에서 비롯된 것이라면 문제가 다르다.

이 역시 과거와 미래에 대한 집착처럼 스스로를 괴롭히고 있을 뿐이다.

경우는 달라도 모두 과거와 현재, 미래에 지나치게 집착하여 자신의 삶을 망치고 있는 것이다. 이때 필요한 것이 무엇일까? 바로 중생의 미망을 깨우는 덕산의 몽둥이다. 이것으로 세게 한 대 맞으면, 나를 괴롭히는 것은 다름 아닌 자신임을 알게 된다. 하늘의 별이나 환화 역시 본래 존재하지 않는다는 실상 또한 이때 드러난다. 그러니 무슨 일이 다시 있겠는가. 덕산의 몽둥이는 잠자고 있는 중생들을 일깨우기 위한 자비의 몸짓이었던 셈이다.

이제 우리도 떡을 파는 노파의 물음에 답을 해야 하지 않을까. 어느 마음에 점을 찍을 것인지 말이다. 이미 우리는 해답을 알고 있다. 집착만 하지 않는다면, 어느 마음에 점을 찍어도 상관이 없다는 사실을 말이다. 집착에서 벗어나면 과거의 마음은 아름다운 추억이 되며, 현재의 마음은 '있는 그대로'의 행복이 된다. 미래 역시 기대나 불안이 아니라 꿈과 희망이라는 이름으로 불릴 것이다. 반복되는 말이지만, 문제는 집착에 있었던 것이다. 그런데 우리는 미망과 삼독의 술에서 아직 깨지 않아 쉬이 말문이 열리지 않고 있다. 덕산의 몽둥이가 오늘에도 여전히 필요한 이유다.

포대 안에 담긴 꿈과 희망

포대 안에는 무엇이 들어 있을까?

우리나라 사람들이 즐겨 마시는 소주의 광고모델로 출가사문이 등장한다면 어떻게 될까? 아마 사회적 파장이 만만치 않을 것이다. 아무리 좋은 의도를 가지고 나왔더라도, 이는 불교의 계율을 어기는 행위가 되기 때문이다. 많이 알려진 것처럼 다섯 가지 계율(五戒) 가운데 술 마시지 말라는 불음주계(不飮酒戒)가 있다. 융통성을 발휘하여 이 계율을 늘 깨어 있으라는 의미로 해석한다 해도 광고모델은 정도를 넘어도 한참 넘었다 할 것이다. 그런데 한 소주의 로고에 포대화상(布袋和尙, 생년미상~917?)을 형상화한 모습이 등장하였다. 그의 이름은 '복영감'이다. 자비정신을 바탕으로 널리 인간을 복되게 한다는 의미가 담겨 있다는 설명이다. 또한 포대화상은 마음씨 좋은 이웃집 할아버지의 이미지를 가지고 있어서 친근

감을 더해준다는 내용까지 덧붙어 있다. 화상의 모습이 성스러운 도량에서부터 세속적인 시장 거리에까지 널리 퍼져 있는 것이다.

『경덕전등록(景德傳燈錄)』에 의하면 포대화상은 명주(明州) 봉화현(奉化縣) 출신으로 당나라 말기부터 활동했던 인물이다. 이름은 계차(契此)이며, 항상 커다란 포대자루를 들고 다녔기 때문에 포대화상이라는 별명으로 많이 불렸다. 그는 모습만 봐도 곧바로 알아볼 수 있을 만큼 독특한 캐릭터를 지니고 있다. 포대화상은 올챙이처럼 볼록 튀어나온 배불뚝이 모습을 하고서 늘 화통하게 웃고 있다. 그는 때와 장소를 가리지 않고 보시 받은 물건을 포대 속에 넣고 다니면서 어려운 이웃에게 모두 나누어 주었다. 화상과 관련해서 전설 같은 이야기도 전하는데, 눈 속에 누워 있어도 그의 몸에는 눈이 쌓이지 않았으며 사람의 길흉을 족집게처럼 잘 알아맞혔다고 한다. 『전등록』에는 포대화상이 지었다는 몇 편의 게송도 실려 있다. "발우 하나로 천집의 밥을 먹고 외로운 몸은 만 리에 노닌다(一鉢千家飯 孤身萬里遊)."는 시를 통해 구름처럼 살았던 그의 인생을 잠시나마 엿볼 수 있다.

우리나라에도 포대화상에 대한 신앙이 적지 않게 퍼져 있다. 화상의 배를 만지면서 소원을 빌면 모두 이루어진다는 믿음 때문인지 배 둘레에 손때 자국이 선명한 곳이 많다. 그가 포대를 가지고 다니면서 많은 이들에게 재물을 나누어 주었다는 이미지가 영향을 미친 것 같다. 포대 속에 중생들이 원하는 모든 것이 들어 있다는 믿음이 형성된 것이다. 당시 화상에게 음식을 얻은 사람들은 굶

주리는 일이 없어졌고 물품을 받은 이들은 가난에서 벗어났을 뿐만 아니라 재복이 따라왔으며, 아픈 환자는 병이 나았다고 전한다. 이런 기복적 이미지 때문인지 화상의 형상을 모신 도량도 꽤나 많은 편이다.

그런데 중국에서 포대화상은 미륵불의 화현이라는 이미지가 강하다. 미륵불은 널리 알려진 것처럼 56억 7천만 년 후 이 땅에 강림하여 모든 중생을 구원한다는 미래불이다. 삶의 중심이 현재가 아니라 미래에 있는 것이다. 역사적으로 미륵은 전쟁이나 재난과 같은 어려운 시절에 대중들이 의지하던 신앙이다. 지금은 어렵고 힘들지만 미래에는 행복할 것이라는 믿음이 그 바탕에 깔려 있는 것이다. 한마디로 미륵은 꿈과 희망의 아이콘인 셈이다. 당나라가 멸망하고 송나라로 통일되기 전까지 10여 개의 나라로 분열된 혼란기를 오대십국(五代十國) 시대라 한다. 당시 전란으로 인해 중생들의 삶은 파괴되었고 거리에는 부모를 잃은 고아들과 굶주린 사람들로 넘쳐났다. 화상은 여러 곳을 다니면서 탁발한 물건을 포대에 담아 배고픈 이들에게 나눠주고 꿈과 희망을 잃지 않도록 격려와 용기를 주었다. 그를 미륵불로 추앙하는 이유다.

이처럼 포대화상은 평생 나눔을 실천하는 삶으로 일관했던 인물이다. 포대는 곧 중생을 사랑하는 마음이었다. 그 안에는 사랑이외에도 꿈과 희망이라는 미륵의 마음도 함께 담겨 있었다. 우리가 놓쳐서는 안 되는 부분이다. 그는 계차(契此)라는 이름과 어울리게 이번(此) 생에서 맺은(契) 인연을 다하고 명주 악림사(岳林寺)

에서 가부좌한 채로 열반에 들었다. 다음은 고요 속으로 떠나면서 남긴 그의 열반송이다.

"미륵, 참 미륵은 몸을 천백 억으로 나누었네. 때때로 사람들에게 나타나도 스스로 알아보지 못하네(彌勒眞彌勒 分身千百億 時時示時人 時人自不識)."

내 앞에 있는 희망

철학자 스피노자는 희망을 '불확실한 기쁨'으로 표현하였다. 희망이 이루어지면 기쁨이지만, 꿈을 이룰 수 있을지 없을지 확실하지 않다는 뜻이다. 어찌 보면 꿈과 희망은 기쁨과 불확실성이라는 양면성을 동시에 지니고 있는 셈이다. 그렇기 때문에 불확실성이 아니라 기쁨으로 무게의 추를 이동하기 위해서는 강력한 에너지가 필요하다. 그것이 무엇일까? 개인적으로 그 힘을 포대화상의 밝은 미소에서 찾고 싶다. 당시 민초들은 전란이 끝나고 평화가 찾아오기를 희망했지만, 동시에 언제 끝날지 모르는 불확실성 속에서 힘들어했다. 포대화상은 유쾌하게 웃으면서 그들에게 필요한 음식과 물건을 나눠주었다. 그 천진한 미소는 '꿈은 이루어진다'는 강력하면서도 기분 좋은 에너지였다. 포대화상이 항상 웃고 있는 이유도 여기에 있다 할 것이다.

포대화상은 꿈과 희망의 아이콘, 미륵이 수많은 모습으로 우리

앞에 있지만 중생들이 이를 알아보지 못한다는 마지막 메시지를 남기고 떠났다. 그렇다면 도대체 수많은 미륵불의 아바타는 어디에 있다는 것일까? 그가 남긴 다음의 시에서 실마리를 찾을 수 있다.

"다만 마음, 마음 하는 이 마음이 곧 부처이니, 시방세계에서 가장 신령한 물건일세. 종횡으로 묘한 작용을 일으켜 가히 중생들을 사랑하니, 일체 그 무엇도 진실한 마음만 같지 못하네 (只箇心·心·心是佛 十方世界最靈物 縱橫妙用可憐生 一切不如心眞實)."

이 시에서는 선(禪)의 향기가 진하게 풍긴다. 선불교의 생명과도 같은 견성(見性)은 '마음이 곧 부처(心卽佛)'라는 실상을 깨치는 일이다. 견성이 중요한 이유는 다른 데 있는 것이 아니라, 이를 통해 마음이 작동을 해서 뭇 생명들을 사랑할 수 있기 때문이다. 마음이 가장 신령한 물건이며, 진실한 마음보다 귀한 것이 없다고 말한 이유도 여기에 있다. 이 진실한 마음을 불성(佛性)이나 여래장(如來藏)이라고 하든, 아니면 미륵의 마음이라고 부르든 관계없이 모든 사람들은 본래부터 이러한 바탕을 갖추고 있다. 그렇다면 모든 중생이 곧 부처가 되고 진짜 미륵이 되는 셈이다. 참 미륵이 몸을 천백억으로 나누었다는 것은 바로 이를 의미한다.

그런데 문제는 모두가 미륵인데도 불구하고 이를 알지 못한다는 데 있다. 왜 그럴까? 바로 삼독(三毒)의 술에 취해 있기 때문이다.

탐내고 성내며 어리석은 독 기운에 취해 귀하디귀한 부처를 알아보지 못하고 그들을 자신의 욕망을 충족시키기 위한 수단으로 여겼던 것이다. 전쟁은 인간의 탐욕과 성냄, 어리석음의 결정판이다. 이로 인해 수많은 부처들이 죽어갔다. 이러한 상황에서 포대화상은 탐욕의 늪에 빠진 중생들을 향해 사자후를 외쳤다. 그들이 모두 미륵불이니, 죽음으로 몰고 가서는 안 된다고 말이다. 그는 자신 앞에 있는 부처들을 살리고자 포대를 들고 거리에 나섰다. 어느 물건이든 가리지 않고 포대에 담아 보시를 실천했는데, 그 안에는 비린내 나는 생선도 들어 있었다. 이를 필요로 하는 사람이 어딘가에 있는 것이다.

여기에서 미륵정토는 먼 미래에 오는 세계가 아니라 바로 '지금, 여기'라는 현실정토 사상을 읽을 수 있다. 현실정토 사상에는 고통으로 가득한 '여기(Here)'에서 벗어나 행복이 넘치는 '거기(There)'로 가는 것이 아니라, '여기가 거기'라는 사유가 내재되어 있다. 내가 서 있는 현실이 곧 정토라는 생각을 하게 되면, 삶의 방식도 변하게 된다. 마냥 미륵정토를 기다리는 것이 아니라 이 땅을 정토로 가꾸기 위한 노력을 하게 된다는 뜻이다. 포대화상은 그런 삶을 살았던 인물이다. 정토는 그러한 노력과 실천 없이는 완성되지 않는다.

우리는 포대화상을 통해 단순한 기복신앙이 아니라 마음이 부처라는 소식과 함께 상처 받은 중생들을 종횡무진 치유하고 사랑하는 마음, 그리고 절망 속에서도 꺾이지 않은 희망의 메시지를 읽을 수 있다. 그는 '희망과 치유의 연등을 밝힙니다'라는 지난 해 봉축표어와 무척 잘 어울리는 인물이다. 특히 코로나19로 힘들어하는 이들에게 화상의 메시지는 더욱 의미를 갖는다 할 것이다. 희망과 치유를 위해서는 삼독의 술에서 깨어나 내 주위에 있는 참 미륵을 알아볼 수 있는 지혜의 눈이 필요하다. 어느 블로그에서 읽은 작자미상의 짧은 글이다.

 "눈이 녹으면 뭐가 되냐고 선생님이 물으셨다. 다들 물이 된다
 고 했다. 소년은 봄이 된다고 했다."

추운 겨울 사람들은 봄이라는 희망을 꿈꾼다. 그런데 우리들 시선이 물에만 머문다면 봄이 와도 볼 수 없는 법이다. 집안에 가득한 봄 향기를 찾아 산으로 들로 헤매는 우를 범하지 않았으면 좋겠다. 내 앞에 있는 희망을 볼 수 있는 소년의 혜안이 필요하다.

05. 원오극근(圓悟克勤)

삶이라는 인연의 무게

발밑을 살펴보라

사찰 법당에 들어갈 때면 신발을 벗어놓는 섬돌 위에 조고각하 (照顧脚下)라고 쓰인 글귀를 종종 만나게 된다. 이 말은 글자 그대로 자신의 발밑을 잘 살펴보라는 뜻이다. 그러니까 법당에 들어갈 때 신발을 잘 벗어 가지런히 놓아야 한다는 것이다. 신발 하나 정리하는 것이 뭐 그리 큰일이냐고 반문할 사람도 있겠지만, 결코 그렇지 않다. 신발 벗어놓은 걸 보면 그 사람이 평소 어떻게 살고 있는지 가늠할 수 있기 때문이다. 신발이 곧 마음이었던 것이다. 눈 뜬 선지식들이 신발을 똑바로 벗어놓는 것을 마음공부라 강조하고 있는 이유도 여기에 있다.

그리고 이 말에는 우리의 실존과 관련해서 중요한 의미를 내포하고 있다. 발밑은 현재 내가 처해 있는 상황을 의미한다. 말하자면 현재 내가 어떻게 살아가고 있는지 늘 성찰하라는 것이다. '위로는 진리를 구하고(上求菩提) 아래로는 중생을 구제한다(下化衆生)'는 서원(誓願)을 세우고 출가한 수행자들에게는 평생의 지침으로 삼아야 할 경구다. 특히 '뭣이 중헌디?'를 모른 채 자본과 권력, 물질에 취해 자신을 잃고 살아가는 오늘의 우리에게 의미 있는 가르침으로 다가온다.

'조고각하'라는 말은 이번 주제인 원오극근(圓悟克勤, 1063~1135)과 인연이 깊다. 원오는 입적 후 남송의 고종(高宗)에게 받은 법호이며, 그가 활동하던 당시 북송의 휘종(徽宗)은 불과(佛果)라는 호를 내려주었다. 그래서 불과극근이라 불리기도 한다. 송나라 때 고승으로 알려진 오조법연(五祖法演, 1024~1104)에게는 불과를 비롯하여 불감혜근(佛鑑慧懃)과 불안청원(佛眼淸遠)이라는 뛰어난 제자가 있었다. 이 셋을 가리켜 흔히 법연삼걸(法演三傑), 혹은 삼불(三佛), 삼철(三哲)이라 부른다. 어느 날 오조법연이 이 세 명의 제자와 함께 외출했다가 시간이 늦어 밤길을 걷게 되었다. 그런데 갑자기 바람이 불어와 손에 들고 있던 초롱불이 꺼져서 앞을 볼 수 없었다. 스승은 제자들의 공부가 얼마나 익었는지 시험할 수 있는 절호의 기회라 생각하고 이럴 때는 어떻게 해야 하는지 생각나는 대로 말해보라고 하였다. 지금까지 공부한 밑천이 모두 드러나는 순간이다. 이때 원오는 스승에게 이렇게 말한다.

"발밑을 살펴보아야 합니다(看脚下)."

단순하면서도 핵심을 찌르는 대답이다. 여기에는 수행자로서 늘 자신을 성찰하면서 살겠다는 삶의 태도가 담겨 있다. 참으로 진솔하면서도 무게감이 느껴진다. 스승은 얼마나 기분이 좋았던지 원오에게 '종문(宗門)을 망칠 놈'이라는 극찬을 한다. 이 말을 곧이곧대로 받아들이면 안 된다. 그러면 선(禪) 언어의 맥락과 의미를 놓칠 수 있다. 이는 어느새 불쑥 성장한 제자를 보고 그 기쁨을 어떻게 표현할지 몰라서 내뱉는 스승의 최대 찬사다. 스승은 이 대답을 듣고 원오를 자신의 후계자로 삼겠다고 마음을 굳힌다.

원오는 팽주(彭州) 숭녕(崇寧), 즉 지금의 사천성(四川省) 성도(成都) 출신으로 자는 무착(無着)이다. 그는 독실한 유학자 집안에서 태어났는데, 어려서부터 하루에 천 개의 단어를 암기할 정도로 수재였다고 전한다. 어린 시절 우연히 절에 갔다가 인연이 되어 출가한 이후 『능가경』을 비롯하여 여러 경전을 공부하였으나 마음에 계합하는 바가 없었다. 이때부터 그는 진리의 길은 언어문자에 있지 않다는 것을 자각하고 여러 스승을 찾아 운수행각에 나선다. 그러다 앞서 언급한 오조법연을 만나 마음의 문이 열리게 된다.

원오는 간화선을 창시한 대혜종고의 스승으로 알려진 인물이다. 특히 선(禪)의 길을 걷는 이들에게 나침반 역할을 하는 『벽암록(碧巖錄)』의 저자이기도 하다. 이 책은 설두중현(雪竇重顯 980~1052)이 1,700개의 공안(公案) 가운데 중요하다고 생각한 100칙(則)을 골라 편집한 『설두송고(雪竇頌古)』의 주석서다. 원오는 『설두송고』를 교재로 삼아 선불교의 공안에 대해 강의를 했는데, 제자들이 그 내용을 모아서 책으로 낸 것이다. 『벽암록』은 '종문(宗門) 제일서(第一書)'라 불릴 만큼 선불교의 역사에서 중요한 위치를 차지하고 있으며, 우리나라 선원(禪院)에서도 많이 익혀지고 있는 책이다.

원오의 임종이 다가오자 제자들은 당시의 관례에 따라 게송을 남겨 달라 청한다. 그는 생명력을 잃고 형식화된 열반송을 남기고 싶지 않았던 것 같다. 그 마음이 유훈에서도 고스란히 전해진다.

> "아무 것도 해 놓은 것 없는데, 게송을 남길 이유가 있겠는가. 오직 인연에 따를 뿐이니, 진중하고 진중하도다(已徹無功 不必留 頌 聊爾應緣 珍重珍重)."

진중한 인연

원오극근은 차(茶)와도 관련이 깊은 인물이다. 그는 차 마시는 행위를 수행의 차원으로 인식한 이른바 다선일미(茶禪一味)를 주창했다. 물론 그 이전에도 차와 관련된 선사들이 있었다. 특히 조주종심은 끽다거(喫茶去)로 유명한 선사다. 사람들이 그를 찾아와서 불교의 대의가 무엇이냐고 물으면, "차나 한잔 마시고 가게."라고 대답한 데서 유래한 말이다. 원오는 차를 눈으로 보고 코로 향기를 맡으며 입으로 마시는 등의 모든 행동이 곧 선이라고 보았다. 이를 조고각하와 연결시키면 중요한 의미를 발견하게 된다. 차를 달이고 마시는 나 자신을 살피라는 뜻이 담겨 있기 때문이다. 이런 점에서 본다면 차 마시는 자리는 발밑을 제대로 볼 수 있는 살아 있는 수행 현장이 되는 셈이다. 그러니 차를 마시면서 폼을 잡을 것이 아니라 폼 잡는 나 자신을 살피는 일이 더욱 중요하다 할 것이다. 폼은 조고각하를 실천했을 때 나오는 자연스런 삶의 몸짓이다.

원오는 이승과 작별하는 마지막 순간에도 인연의 중요성을 강조하고 있다. 게송이 중요한 것이 아니라 인연에 따를 뿐이므로 삶에 대해 진중해야 한다고 그는 말했다. 이 말이 무엇을 의미하는지 한참을 곱씹어 보았다. 그는 우리에게 어떻게 살았는지에 대한 자기 성찰이 중요하다는 점을 강조하는 것 같았다. 문득 불교에서 많이 회자되고 있는 이야기가 생각났다. 그것은 다름 아닌 사람이 죽을 때 다른 것은 하나도 가져가지 못하지만, 자신이 지은 업(業)만은 가져간다는 얘기다. 살면서 아무리 많은 재산을 모았다 하더라도 오직 그 돈으로 행한 업(業)만 갖고 간다는 뜻이다. 그러니까 자신이 번 돈으로 많은 선행을 베풀었다면 선업을 가져가고 사회적 약자에게 갑질을 일삼았다면 악업을 가져갈 것이다. 죽음이란 살면서 행했던 모든 업을 결산하는 순간이다. 원오는 열반의 순간 우리에게 삶이라는 인연을 어떻게 가꾸면서 살아왔는지 묻고 있는 것이다. 그의 지적대로 진중하지 않을 수 없는 일이다.

몇 해 전 가까운 벗에게서 들은 얘기다. 평생 열심히 살아왔던 장인이 어느 날 췌장암 판정을 받고 오래 지나지 않아 돌아가셨는데, 그때 병원에서 이렇게 말했다고 한다.

"야, 이게 뭐냐!"

친구에게 들은 이 말이 한동안 뇌리에서 떠나질 않았다. 짧은 이 말에서 평생을 열심히 살았지만 자신의 삶을 돌아보지 못한 어느 노인의 회한이 느껴졌기 때문이다. 앞서 언급한 발밑을 보지 못하고 살아온 삶에 대한 아쉬움이 아닐까 싶었다. 우리라고 별반 다를 것이 있겠는가. 죽음이 눈앞의 현실이 되어서야 비로소 자신의 삶을 돌아보는 것이 중생들의 업이니까 말이다. 우리가 죽음을 성찰하는 이유도 나의 발밑을 살피기 위한 것이라 할 수 있다.

원오의 열반송을 통해 우리는 다시 한 번 삶이라는 인연의 무게를 생각하게 된다. 불교에 처음 입문한 이들이 듣게 되는 인도의 우화가 있다.

어느 날 토끼가 도토리나무 아래에서 낮잠을 자고 있는데, 도토리 열매 하나가 머리 위로 떨어졌다. 깜짝 놀란 토끼는 무슨 일이 생긴 줄 알고 정신없이 뛰기 시작하였다. 그러자 다른 동물들도 정말 큰 일이 일어난 줄 알고 덩달아 빨리 달렸다. 이 장면을 지켜본 사자는 걱정이 앞섰다. 그렇게 빨리 달리다가 낭떠러지라도 만나면 큰일이기 때문이다. 그래서 아무 생각 없이 달리는 동물들 앞을 가로막고 이렇게 물었다.

"너희들, 어디를 향해 달려가고 있느냐?"

대답하는 동물이 아무도 없었다. 그러자 사자가 재차 물었다.

"그러면 왜 그렇게 열심히 뛰어가고 있느냐?"

이때도 역시 아무런 대답이 없었다. 어디를 향해, 왜 그렇게 열심히 뛰는지 모르기 때문이다. 옆에서 달리니까 그냥 달린 것뿐이다. 어쩐지 아무런 목적의식 없이 바쁘게 살아가는 오늘의 우리 모습을 닮은 것 같아 씁쓸할 뿐이다. 원오는 이 우화에서 사자와 같은 역할을 하는 선지식이다. 그는 우리에게 묻고 있다. 왜 발밑을 보지 않느냐고 말이다. 내가 지금 무엇을 위해, 어떻게 살고 있는지 성찰하는 것이 중요하다는 뜻이다. 그의 가르침대로 삶이라는 인연의 무게, 진중함을 생각하면서 사는 것이 어떨까. 생각하면 삶(生)이 깨어나는(覺) 법이다. 진중하고 진중하게 생각(生覺)할 일이다.

06.　대혜종고(大慧宗杲)

열반송도 집착이다

간화선 개발자

말 자체에 집착해서 물고 늘어질 때 우리는 '말꼬리를 잡는다'고 한다. 특히 미워하는 사람과 대화할 경우 의도하지 않은 말이 입 밖으로 나가게 되면 꼼짝없이 걸려들고 만다. 그래서 말꼬리를 잡는지를 보면 상대가 나를 좋아하는지 싫어하는지 쉽게 알 수 있다. 서로 좋아하는 사이라면 혹여 말실수를 하더라도 진심이 아니라는 것을 알기 때문에 아무 일 아닌 것처럼 넘어갈 수 있다. 말꼬리가 아니라 마음의 핵심을 서로 잘 파악한다는 뜻이다. 이를 선불교의 언어로 표현하면 간화(看話), 즉 '말머리(話頭)를 본다(看)'고 할 수 있다. 그렇다면 화두란 무엇이며, 여기에는 어떤 의미가 담겨 있을까?

간화선은 선불교 중에서도 특별한 의미를 지니고 있는 수행체계다. 여러 공부의 과정을 거치지 않고 오로지 화두를 참구(參究)함으로써 깨침에 이르는 길이기 때문이다. 그래서 이를 가장 뛰어난 수행법이라고 말하곤 한다. 오늘날 간화선을 빼놓고 한국불교를 말할 수 없다. 이 수행법이 한국불교의 정체성을 이루고 있으니까 말이다. 비록 위빠사나와 아나파나사티 등 남방에서 유행하는 수행법이 소개되면서 위기를 맞고 있지만, 간화선은 800년을 이어온 전통적인 수행체계다. 우리나라에서 여름과 겨울, 두 번의 안거(安居) 기간에 실행되고 있는 것도 다름 아닌 화두를 참구하는 간화선이다. 이 특별한 수행법을 개발한 인물이 바로 대혜종고(大慧宗杲, 1089~1163)다.

대혜는 안휘성(安徽省) 출신으로 성은 해(奚) 씨이며 자는 현회(縣晦), 호는 묘희(妙喜)다. 그는 어린 시절부터 장난을 좋아하는 개구쟁이였다. 그가 열세 살 때 하루는 서당에서 친구들과 장난을 치다가 벼루를 던졌는데, 그만 선생님의 모자에 맞고 말았다. 먹물을 뒤집어쓴 선생님에게 호된 꾸지람을 들은 어린 학동은 300냥의 배상금까지 물어내야 했다. 그는 16세에 이르러 세간의 공부가 출세간법(出世間法)을 구하는 것만 같지 못하다는 생각을 하고 마침내 출가를 하게 된다. 그리고 앞서 소개한 원오극근(圓悟克勤, 1063~1135)을 스승으로 삼아 정진하다가 깨달음을 얻고 마음의 눈을 뜬다. 그의 나이 37세 때의 일이다.

대혜가 활동하던 당시는 정치적으로 매우 혼란한 시기였다. 북쪽에서는 금(金)나라가 세력을 확장하여 송나라를 위협하는 상황

이었다. 그래서 북쪽은 금의 지배 아래에 들어가고 남쪽만 겨우 명맥을 유지하고 있었다. 중국 역사에서 남송(南宋, 1127~1187)이라 부르는 짧은 시기다. 송나라 조정은 금나라와 화해하자는 주화파(主和派)와 일전을 불사하자는 주전파(主戰派)로 나뉘어 대립하고 있었다. 대혜는 주전파를 지지하는 입장이었다. 그런데 주화파가 권력을 잡으면서 대혜는 반역을 도모했다는 모함을 받아 승적을 박탈당하고 16년이라는 기나긴 시간 동안 유배생활을 해야만 했다.

그는 1155년 귀양살이를 마치고 돌아왔는데, 이 무렵 간화선을 제창하기에 이른다. 이 과정에서 조동종(曹洞宗)의 굉지정각(宏智正覺, 1091~1157)과 수행체계에 대한 치열한 논쟁을 벌인다. 굉지가 주창한 묵조선(默照禪)은 묵언(默言)을 중시하며 좌선을 통해 나와 세계를 관조하는 고요한 수행이다. 그런데 대혜는 묵조선을 '검은 산의 귀신 굴(黑山鬼窟)'로 빠지게 하는 수행이며 이를 통해서는 '고목이나 불 꺼진 재(枯木死灰)'처럼 아무 것도 얻을 수 없다고 강한 어조로 비판하였다. 조용히 좌선만 해서는 무기(無記), 즉 수행할 때 생기는 멍한 상태에 빠져 결코 견성할 수 없다는 것이다. 여기에는 나라가 위태로울 때 앞장서지 않고 고요히 침묵만 지키고 있던 조동종에 대한 비판의식 또한 담겨 있었다.

물론 조동종에서도 대혜의 공격에 대응하면서 간화선 제일주의를 비판하기도 하였다. 수행체계에 대한 치열한 논쟁에도 불구하고 두 사람은 인격적으로 서로 존중하는 사이였다. 그래서 대혜가 머물던 도량에 쌀이 떨어지면 굉지가 적극적인 도움을 주었으며, 누구라도 먼저 죽으면 남은 사람이 장례를 치러주자고 약속하기도 하였다. 실제 굉지가 열반에 들었을 때 대혜는 그의 장례식을 주관하였다. 논쟁은 치열하되 서로를 존중하는 태도는 이념이 다르다는 이유로 대립과 갈등을 일삼는 오늘의 우리에게 큰 교훈으로 남는다. 대혜 역시 75세에 이르러 다음과 같은 유훈을 남기고 고요 속으로 떠난다.

> "삶도 그대로 죽음도 그대로인데, 게송이 있든 없든 그 무슨 상관인가(生也只恁麼 死也只恁麼 有偈與無偈 是甚麼熱大)."

열반송도 번거롭다

호랑이가 죽으면 가죽을 남기고(虎死留皮) 사람이 죽으면 이름을 남긴다(人死留名)고 했던가. 뭔가를 남기고 싶은 것은 어쩌면 생명체가 지니고 있는 본능적 욕구가 아닐까 싶다. 이러한 욕구는 선종(禪宗)에서도 예외가 아니었다. 대혜가 활동하던 당시 고승들은 입적이 다가오면 열반송을 남기는 것이 관례였다. 대혜의 임종이 가까워오자 제자들은 한 말씀 남겨야 한다는 입장과 그러지 않아도 된다는 의견이 팽팽하게 맞서고 있었다. 선(禪)의 생명력을 상실한 채 형식화되고 있는 모습을 보고 대혜는 '게송이 없으면 죽지도 못하느냐?'고 일갈한다. 그럼에도 불구하고 대중들은 스승의 한마디를 기다렸다. 그래서 남긴 말이 열반송이 있고 없음이 뭐가 그렇게 중요하며, 이 무슨 번거로운 일이냐는 것이었다. 이미 삶과 죽음(生死), 오고 감(去來)을 초월했으니 더 이상 게송에 집착하지 말라는 사자후였다. 모든 집착을 떨쳐버린 선사다운 마지막 모습이다.

그가 주창한 간화선(看話禪)은 글자 그대로 화두를 보는 수행이다. 화두를 다른 말로 공안(公案, formal document)이라고도 부르는데, 이것은 내용이 틀림없다는 것을 보증하는 정부의 공식문서를 가리킨다. 공안이 그만큼 마음의 성품을 깨치는(見性) 데 공신력을 가진다는 뜻이다. 그렇다면 말머리(話頭)를 본다는 것은 무슨 뜻일까? 이는 선사가 하는 말(話)의 핵심(頭)을 곧바로 알아차리고 그 뜻을 깨친다는 것이다. 화두선을 경절문(徑截門), 즉 지름길이라고 부르는 이유도 그만큼 속도가 빠르기 때문이다. 자세한 설명이 아니라 화두를 참구함으로써 즉각적으로 깨친다는 뜻이다. 그래서 일반인들이 흉내 내기 힘든, 뛰어난 근기의 사람들에게 어울리는 수행이라고 일컬어진다.

오늘날까지 1,700개의 공안이 전해지는데, 대혜는 특히 '무자(無字)' 화두를 강조하였다. 이 화두는 당나라 때 선사인 조주종심(趙州從諗, 778~897)에게 '개에게도 불성이 있습니까?'라고 묻자 '없다(無)'라고 대답한 데서 유래하였다. 눈 밝은 스승으로부터 무자 화두를 받은 제자는 조주가 왜 무(無)라고 했는지 문제의식, 즉 의심을 갖고 끊임없이 '무, 무, 무' 하면서 참구한다. 마치 배고픈 고양이가 쥐를 쳐다보고 닭이 알을 품듯이 간절한 마음으로 수행하다 보면 어느 순간 화두를 깨트리고 견성(見性)에 이른다고 한다. 따라서 문제의식과 간절함은 간화선의 생명이라고 할 수 있다.

이러한 간화선을 한국에 처음 소개한 인물이 보조국사 지눌(知 訥, 1158~1210)이다. 그리고 제자인 진각혜심(眞覺慧諶, 1178~1234)은 이를 더욱 체계화함으로써 간화선은 지금까지 800년 동안 한국불교를 대표하는 수행법으로 굳건히 자리 잡고 있다. 오늘날 대혜의 어록인 『서장(書狀)』은 승려 교육기관인 강원, 혹은 승가대학 2학년 과정인 사집과(四集科)의 주요 교과목이다. 그만큼 한국불교에서 큰 영향을 미치고 있다는 뜻이다. 지눌 역시 『서장』을 읽다가 세 번째 깨달음을 얻고 더 이상 머무름이 없는 경지에 이르게 된다. 그는 두 번의 깨달음에도 불구하고 마음속에 돌덩이 같은 무언가가 남아 있음을 자각하고 마지막 정진을 거듭하다가 이 책을 통해 마지막 남은 지해(知解), 즉 알음알이를 털어내고 완전한 깨침에 이르게 된 것이다. 지눌에게 있어서 간화선은 집착을 제거하는 강력한 무기였던 셈이다.

대혜의 열반송에도 마지막까지 집착을 경계하는 모습이 담겨 있다. 삶과 죽음은 그대로일 뿐인데, 게송을 남길 것인가 말 것인가로 다투는 제자들의 모습을 보고 스승은 답답했을 것 같다. 얼마나 답답했으면 게송이 없으면 죽지도 못하느냐고 했겠는가. 스승은 집착에서 벗어날 수 있도록 새롭고도 강력한 수행체계를 개발했는데, 정작 제자들은 말에 집착하는 모습을 보였던 것이다. 그것도 문자에서 벗어나(不立文字) 마음을 곧바로 보라(直指人心)는 선불교에서 말이다.

견성도인의 시선에서 보면 모든 집착을 떨치는 것이 당연한 일이다. 하지만 진리의 샘물을 마시지 못한 중생들에게 그가 남긴 한마디(a word)는 삶의 나침반이 되기도 한다. 게송 자체에 집착하지 말라는 유훈 또한 마찬가지다. 분별심과 망상에 빠져 열반송에 집착하는 이들에게 대혜의 마지막 모습은 서릿발 같은 가르침으로 작동할 수 있다는 뜻이다. 오늘의 우리 역시 마찬가지다. 그가 남긴 마지막 노래를 통해 내 안의 집착을 돌아볼 수 있다면 그 자체로 의미를 갖는다 할 것이다. 그러면 되지 않을까?

꿈같은 인생

고요한 관조

한때 지리산을 많이 찾은 적이 있다. 이러저러한 일들로 마음이 복잡할 때면 무조건 배낭 하나 짊어지고 어머니 산을 찾았다. 특히 새벽에 성삼재에서 노고단을 향해 걸어갈 때면 온갖 시름이 사라지고 마음이 참으로 고요해진다. 능선에 올라서면 구름이 아래에서 놀고 있는 멋진 광경이 눈에 들어온다. 그저 한 걸음 한 걸음 걸으면서 느끼는 마음의 고요와 평화는 그 어떤 것과도 바꿀 수 없는 소중한 선물이다. 그렇게 걷다 보면 고요해진 마음이 이렇게 말하는 것 같다. '그거 아무 일 아니라고', 마음이 전해주는 소리를 들으면 나를 괴롭혔던 일들이 정말 아무 일 아닌 것이 된다. 그냥 걸었을 뿐인데, 문제가 해결되는 것이다. 누군가의 눈에는 약해보일지 몰라도 고요한 관조가 주는 힘은 생각보다 훨씬 세다.

이번에 소개할 굉지정각(宏智正覺, 1091~1157)은 고요한 자기 성찰을 수행으로 삼아 이를 체계화한 인물이다. 묵조선(默照禪)이 바로 그것이다. 이 수행은 지리산 구름 위에서 걷는 발걸음처럼 무척 고요하다. 묵조선은 글자 그대로 묵언(默言)을 중시하며 좌선을 통해 나와 세계를 관조하는 수행이다. 당시 간화선이 대세를 이루고 있는 상황에서 굉지는 〈묵조명(默照銘)〉을 지어 자신만의 수행 스타일을 드러냈다. 그는 이렇게 말한다.

"몸과 마음을 고요히 하고 말을 잊으면(默默忘言), 존재의 참 모습이 눈앞에 밝게 드러난다(昭昭現前)."

평소에도 느끼는 것이지만, 말을 많이 하게 되면 에너지 소모가 생각보다 크다. 이뿐만 아니라 마음에 여유가 없어서 자신과 세계를 있는 그대로 바라보는데 장애가 된다. 굉지에 의하면 존재의 실상을 깨치기 위해서는 몸과 마음을 고요한 상태로 유지하고 말을 잊어야 한다. 그러면 존재의 참 모습이 내 앞에 밝게 드러난다고 한다. 그렇기 때문에 묵조선에서는 몸과 마음을 편안히 쉬고 조용히 좌선하는 것을 중시한다. 이를 지관타좌(只管打坐)라고 한다. 여기에는 간화선처럼 화두를 타파해야 한다는 목표의식도 없다. 오히려 뭔가를 구하려는 마음을 텅 비우고 고요히 관조하라고 한다. 한마디로 묵조선은 온갖 망상을 잊은 채 오로지 한마음으로 좌선하는 수행체계다.

굉지는 중국 산서성 습주(隰州) 출신으로 성은 이(李) 씨다. 천동산(天童山)에 오래 머물면서 활동했기 때문에 흔히 천동화상이라 불렸다. 그는 11살이라는 어린 나이에 출가하여 14세에 구족계(具足戒)를 받고 각지를 돌아다니면서 수행을 하게 된다. 19세 때에는 '큰일을 이루지 않으면 결코 돌아오지 않겠다'는 다짐을 하고 길을 떠난다. 선가(禪家)에서 큰일이란 다름 아닌 자신의 성품을 보는 견성(見性)을 의미한다. 그는 당대의 선지식인 단하자순(丹霞子淳, 1064~1117)을 찾아가 정진하다가 마침내 마음의 문이 활짝 열리고 깨침에 이르게 된다.

그는 간화선을 주창한 대혜종고(大慧宗杲, 1089~1163)와의 논쟁으로 유명한 인물이다. 대혜는 묵조선을 수행하게 되면 멍한 상태인 무기(無記)에 빠져 결코 견성할 수 없다고 비판하였다. 하지만 굉지는 이에 굴하지 않고 적극적으로 대응하면서 묵조선의 가치를 선양하였다. 그렇다면 몸과 마음을 쉬기만 하면 견성에 이를 수 있을까? 그는 조금의 주저함도 없이 충분히 가능하다고 주장한다. 왜냐하면 우리는 본래부터 깨칠 수 있는 청정하고도 밝은 성품을 갖추고 있기 때문이다. 문제는 온갖 번뇌, 망상이 지혜의 성품을 가리고 있어서 잘 드러나지 않는다는 점이다. 어리석음으로 가득한 몸과 마음을 쉬어야 하는 이유도 바로 여기에 있다. 그렇게 침묵(黙)하고 쉬기만 하면, 존재의 참 모습을 비추는(照) 지혜가 작동하여 견성에 이를 수 있다는 것이다. 굉지에게 있어서 견성은 고요한 관조가 가져다주는 귀한 선물이다.

이러한 묵조선의 가치를 천명하면서 그는 대혜와 치열한 논쟁을 벌였다. 하지만 앞선 글에서 살펴본 것처럼 굉지와 대혜는 서로를 존중할 줄 아는 벗이었다. "벗을 깊이 알면 내가 더 깊어진다." 고 하였다. 영화 〈자산어보〉에 등장하는 정약전(丁若銓, 1758~1816)의 대사다. 둘은 각자 다른 길을 걸었지만 상대를 깊이 알아가면서 스스로 더욱 깊어진 벗들이었다. 그래서 벗이 힘든 상황이 되면 서슴지 않고 도움을 줄 수 있었다. 굉지가 열반에 들었을 때 장례식을 주관한 인물이 다름 아닌 대혜였다. 참으로 아름다운 모습이다. 다음은 굉지가 마지막 남긴 열반송이다.

> "꿈과 환, 허공 꽃 같은 육칠십 년의 세월. 흰 새는 날아가고 물안개 걷히니, 가을 물이 하늘에 닿아 있네(夢幻空花 六七十年 白鳥煙沒 秋水連天)."

삶은 꿈이자 허공 꽃

평소 글을 쓰거나 강의를 할 때 간화선은 스펙터클한 액션물에, 묵조선은 조용하고 잔잔한 영화에 비유하곤 한다. 간화선은 외향적이면서 즉각적이고 거침이 없다. 이는 선사가 하는 말 한마디에 곧바로 깨치는 일이기 때문이다. 그런 시선에서 보면 조용한 영화는 지루하게 느껴질지 모른다. 하지만 누군가에게 그것은 묘한 감동과 진한 여운으로 다가온다. 그래서 처음부터 마지막까지 졸지 않고 집중하면서 감상할 수 있는 것이다. 영화가 끝나서 모두 밖으로 나가는데도 스크린의 자막이 사라질 때까지 자리를 떠나지 않는 사람도 있다.

이는 곧 묵조선을 수행한다고 해서 모두가 무기에 빠지는 것이 아니라는 뜻이다. 그렇기 때문에 수행의 과정에서 생기는 무기의 위험성을 지적할 수는 있어도 그 자체를 모두 부정하는 것은 옳지 않다. 수행에는 자신만의 스타일이 있는 법이다. 붓다도 대기설법(對機說法), 즉 근기에 맞는 가르침을 설하지 않았던가. 위장의 기능이 좋은 사람은 음식을 빨리 먹어도 소화를 잘 시키겠지만, 그렇지 않은 이들은 천천히 씹으면서 먹는 것이 좋다. 이처럼 수행도 자신에게 맞는 방식을 선택해서 실천하면 되는 일이다. 고요한 수행을 강조한 선사답게 그의 마지막도 참으로 적적하다. 굉지의 열반송을 읽으면서 문득 〈금강경〉의 마지막 사구게(四句偈)가 떠올랐다.

"일체의 유위법은 꿈과 허깨비, 물거품, 그림자 같고 또한 이슬이나 번개와 같으니 마땅히 이렇게 보아야 한다(一切有爲法 如夢幻泡影 如露亦如電 應作如是觀)."

〈금강경〉의 마지막을 장식하는 유명한 구절이다. 굉지 역시 우리의 삶을 꿈과 허공 꽃에 비유하였다. 물거품 같은 인생을 70년 가까이 살다가 마무리하는 시점에 그는 한 편의 시로 간곡하게 당부하고 있다. 삶이 본래 꿈과 같으니 지나간 일에 너무 집착하지 말라고 말이다. 그리고 우리의 인생과 같은 백조의 날갯짓과 물안개가 모두 사라지자 가을 물이 허공과 닿아 있는 아름다운 풍경이 나타난다. 흰 새도 날아가고 물안개도 걷힌 잔잔한 호수는 모든 것을 '있는 그대로' 비추는 마음의 거울(明鏡)이다. 굉지라는 그 거울이 지금 이승과 헤어지는 중이다. 하늘과 맞닿은 호수(秋水連天)에서 문득 '나 하늘로 돌아가리라' 노래한 어느 시인이 떠올랐다.

굉지의 열반송이나 〈금강경〉의 게송은 모든 것이 덧없고 무의미하다는 허무의 시가 아니다. 허깨비처럼 다가온 자신의 삶을 사랑하고 정성껏 살아낸 이에게서 나올 수 있는 노래인 것이다. 주어진 삶을 성실하게 산 이들은 최선을 다했기 때문에 마지막 이별의 시간이 와도 결코 후회하거나 과거에 집착하지 않는다. 그저 지는 노을을 아름답게 바라볼 뿐이다. 과거에 대한 집착과 회한은 소중한 자신의 삶을 대충 살아낸 이들의 언어다. 그들은 해가 지는 모습에서 아름다움이 아니라 삶의 허무를 느낀다. 주름진 자신의 모습을 보면서 삶이 무의미하다고 말하는 것이다.

"내려놓으면 된다 / 구태여 네 마음을 괴롭히지 말거라 / 부는 바람이 예뻐 그 눈부심에 웃던 네가 아니었니 / 받아들이면 된다 / 지는 해를 깨우려 노력하지 말거라 / 너는 달빛에 더 아름답다."

서해진의 '너에게'라는 제목의 시다. 굉지의 열반송에 등장하는 가을 호수와 지는 해가 내 안에서 묘하게 오버랩되고 있다. 이미 떠나버린 백조와 안개에 집착하는 것은 마치 지는 해를 깨우려 노력하는 것만큼 어리석은 일이다. 그러니 이마에 새겨진 주름을 억지로 펴지 않아도 된다. 집착하지만 않는다면 그 속에는 추억이라는 아름다운 삶이 녹아 있기 때문이다. 마치 농부의 주름에는 삶의 터전이 되어준 땅과의 귀한 인연이 담겨 있는 것처럼 말이다.

스스로 가끔 하는 말이 있다. 젊음이 근육이 만들어내는 인연이라면, 늙음은 주름이 만들어내는 인연이라고. 그러니 지나간 인연에 집착하지 말고 받아들이면 되지 않을까. 시인의 말처럼 우리 모두는 달빛에 비친 모습이 더 아름답다.

늙는 것에 대한 아쉬움과 죽음에 대한 두려움으로 힘들어하는 이들에게 핑지는 이렇게 말하고 있는 것 같다. 하늘에 맞닿은 가을 물도 달빛에 비친 너만큼 아름답다고. 그러니 있는 그대로 받아들이는 것이 어떠냐고 말이다.

08. 남전보원(南泉普願)

언제나 그 자리에

남전이 고양이를 벤 까닭은?

선사들의 이야기를 읽다보면, 우리들 상식으로 이해할 수 없는 일들을 많이 접하게 된다. 앞선 글에서 언급한 것처럼 '불교란 무엇입니까?'라는 질문을 던졌는데, '악(喝)!' 하고 고함을 지르는가 하면 갑자기 몽둥이(棒)가 날아오기도 한다. '차나 한 잔 들고 가라(喫茶去)'고 하거나, 아무런 말도 없이 침묵을 지키는 선사도 있다. 질문과는 상관없어 보이는 엉뚱한 행동들이 나오는 것이다. 흥미로운 것은 그러한 방법을 통해 누군가는 마음의 문을 활짝 열고 견성(見性)에 이른다는 사실이다. 선 언어가 지니는 맥락을 이해하지 못하면 무슨 의미인지 도저히 알 수 없는 일이다. 제자들을 가르치기 위해 고양이의 목을 벤 인물도 있다. 이번 주제인 남전보원(南泉普願, 748~834)이 그 주인공이다. 불살생계(不殺生戒)를 지켜야 하는 출가사문이 고양이를 죽이면서까지 전하고자 한 뜻은 무엇이었을까?

남전은 하남성 정주(鄭州) 출신으로 성은 왕(王) 씨며 법명은 보원(普願)이다. 남전에 선원을 열고 오래 머물렀기 때문에 남전이라는 이름으로 많이 불렸다. 이곳에서 그는 직접 소를 치고 밭을 가꾸면서 선풍을 펼쳤다고 전한다. 그는 마조도일(馬祖道一, 709~788)의 제자이자 조주종심(趙州從諗, 778~897)의 스승이다. 마조는 '평상심이 도(平常心是道)'라는 것을 강조한 인물로 중국 선종의 역사에서 커다란 획을 그은 선사다. 조주 역시 그를 빼놓고 선불교를 이야기할 수 없을 만큼 중요한 위치를 차지하고 있다. 스승과 제자가 워낙 걸출한 인물이기에 남전이 그다지 주목받지 못한 측면이 있다. 그는 마조와 조주를 잇는 가교 역할을 한 것만이 아니다. 선의 황금시대라 불리는 당나라 시절 자신의 선기(禪機)를 드러내 수많은 제자들을 깨침의 세계로 이끈 참 선지식이다. 그 가운데 가장 돋보이는 인물이 바로 조주다.

남전참묘(南泉斬猫), 그러니까 남전이 고양이를 벤 일화는 사람들에게 널리 알려져 있다. 당시 남전이 주석하던 사찰에는 동당(東堂)과 서당(西堂)으로 나뉘어서 제자들이 살고 있었다. 그런데 어느 날 절에서 기르던 고양이 한 마리를 두고 승려들이 두 팀으로 갈라져서 싸우고 있는 것이었다. 이를 본 스승은 얼마나 속상했던지 고양이를 움켜쥐고 제자들을 향해 단호하게 말했다.

"너희들 가운데 바른 말 한마디를 하면 고양이를 살려주겠지만, 그렇지 못하면 베어버릴 것이다. 어디 말해보라."

스승의 질문에 답을 한 제자는 아무도 없었다. 남전은 한 치의 주저함도 없이 들고 있던 칼로 고양이 목을 베어버렸다. 저녁이 되어 외출했던 조주가 돌아오자 스승은 낮에 있었던 일을 전해주었다. 조주는 아무런 말도 없이 신발을 머리에 이고 밖으로 나갔고 남전은 이렇게 중얼거렸다.

"그 자리에 그대가 있었더라면, 고양이를 살릴 수 있었을 텐데."

오래 전 이 일화를 처음 접했을 때 조금은 충격적이었다. 굳이 살아 있는 고양이를 죽여야 했을까 하는 의문이 들었기 때문이다. 그것도 땅 속의 생명을 해칠까 봐 뜨거운 물도 버리지 않는 산문에서 말이다. 그렇다면 남전은 왜 고양이의 목을 베었을까? 어쩌면 그가 벤 것은 고양이를 소유하려는 제자들의 탐욕과 집착이 아니었을까 싶다. 존재의 실상을 깨쳐서 중생을 구제하겠다는 원(願)을 세우고 출가한 이들이 마음 닦는 일에는 소홀히 한 채 소유욕에 눈이 멀어 서로 싸우고 있었으니, 스승의 눈에 얼마나 한심해 보였을까. 영화 〈곡성〉의 표현대로 한다면, 스승은 '뭣이 중헌디?'를 묻고 있는 것이다. 눈만 멀뚱멀뚱 뜬 채 아무런 답도 못하고 있는 그들에게 필요한 것은 어설픈 말이 아니라 강력한 충격이었다. 그것이 바로 고양이를 베는 행동으로 나타났던 것이다.

어찌 보면 스승은 고양이를 죽인 업보를 감수하면서까지 제자들을 마음의 세계로 인도하고 싶었던 것 같다. 그가 제자들에게 던진 '말 한마디(a word)'는 선에서는 생명과도 같은 물음이었다. 고양이를 두고 싸우는 바로 그 놈이 어떤 바탕인지 돌이켜보라는 뜻이 담겨 있는 것이다. 다른 제자들은 몰랐지만, 조주만은 스승의 간절한 마음을 알고 있었다. 그래서인지 조주가 신발을 머리에 이고 나간 행동을 『선의 황금시대』의 저자인 오경웅은 이렇게 해석하였다.

"스승님! 화를 푸시고 푹 쉬십시오."

선사들의 대화를 지적으로 해석하는 일에는 무리가 따르겠지만, 스승과 제자가 이심전심(以心傳心)으로 통한다는 느낌을 받게 된다. 남전은 제자들이 깨침의 세계에 이를 수 있도록 다양한 방편을 통해서 지도하다가 834년 12월 15일 새벽, 다음과 같은 유훈을 남기고 고요 속으로 떠난다.

"별빛 반짝인 지 이미 오래 되었구나. 내가 가거나 온다고 하지 말라(星翳燈幻亦久 勿謂吾有去來)."

오고 감이 없는 인생

선사들이 마음으로 남긴 언어를 이성을 통해 이해하는 데는 한계가 있기 마련이다. 그것은 우리들이 일상에서 사용하는 언어가 아니라 진리의 샘물을 마신 눈 밝은 이의 외침이기 때문이다. 그들의 사자후는 일상언어(Everyday language)가 아니라 진리언어(Dharma language)였던 것이다. 그렇기 때문에 선사들이 사용하는 언어의 맥락과 의미를 이해하지 못하면 삼천포로 빠질 수밖에 없다. 그러나 그것이 어디 쉬운 일이던가. 우물 안에 있던 개구리가 직접 밖으로 나가야만 알 수 있는 것이다. 선가에서는 선사들의 본뜻을 잘못 헤아리면 눈썹이 빠진다는 이야기가 전해지고 있다. 그럼에도 불구하고 아는(知) 만큼, 보이는(見) 만큼 해석을 하고 그 속에서 의미를 찾는 일을 중단할 수는 없다. 그것이 곧 우물 안 중생들의 몫이 아니겠는가.

남전은 삶의 마지막 순간 허깨비 같은 인생, 불 밝히고 살아온 지 오래 되었다고 하면서 자신이 비록 고요 속으로 떠나지만 가거나 온다고 하지 말라는 한 편의 시를 남겼다. 본래 삶이란 오고 감이 없기 때문이리라. 문득 의상의 〈법성게〉를 주석한 〈법계도기총수록(法界圖記叢髓錄)〉의 한 구절이 떠올랐다.

"간다간다 하지만 본래 그 자리요(行行本處), 왔다왔다 하지만 떠난 그곳이다(至至發處)."

봄이 오면 누군가는 좋아하지만, 겨울이 지나갔다고 아쉬워하는 이들도 있다. 여행을 떠날 때의 설렘과 돌아올 때의 서운함이 교차하기도 한다. 행복과 불행, 수많은 질곡들이 오고 가면서 우리의 삶을 장식하고 있지만, 진리를 깨친 이들은 한결같이 본래 오고 감(去來)도 없으며 나고 죽음(生滅)도 없다고 말한다. 그러니까 간다 간다 말을 하지만, 본래 그 자리일 뿐이다. 머리로는 이해할 수 있어도 쉬이 살아내기 힘든 경지다. 이 말이 맞는다면 남전은 고요 속으로 떠났지만 떠난 것이 아닌 셈이 된다. 그는 과연 어디로 간 것일까? 남전이 이승과 작별할 날이 다가오자 제자가 '세상을 뜨신 후에는 어디로 가십니까?' 하고 물은 적이 있다. 그때 스승은 이렇게 답했다.

"산 아래로 가서 한 마리 검은 암소(水牯牛)가 되려 한다."

오고 감이 없는 경지를 깨친 선사의 입에서 왜 소로 태어난다는 말이 나왔을까? 혹여 고양이를 죽인 업보를 받고자 한 것이 아닐까 생각한 적도 있다. 하지만 여기에는 불교에서 중시하는 핵심 가치가 담겨 있다. 그는 존재의 실상을 깨치고 제자들을 지도하다가 고요 속으로 들어갔지만, 중생들이 사는 이곳으로 다시 오겠다는 서원(誓願)을 세웠다. 그것은 다름 아닌 중생들의 고통을 외면하지 않고 그들과 함께 하고자 했기 때문이다. 말하자면 중생들을 구제하기 위해 윤회하는 세계로 다시 돌아온다는 뜻이다. 이처럼 위대한 정신이 또 있을 수 있을까. 모든 중생들을 구제하겠다는 다짐이 사홍서원(四弘誓願) 맨 처음에 나오는 이유가 있는 셈이다. 번뇌를 끊고 열심히 공부를 하여 성불하는 이유도 바로 중생구제에 있는 것이다. 그렇기 때문에 본래 오고 감이 없다는 실상을 깨쳤지만, 다시 우리들 곁으로 돌아오는 것이다.

우리나라 구산선문(九山禪門) 가운데 사자산문을 개창한 철감도윤(澈鑒道允, 798~868)은 중국으로 유학을 떠나 남전에게서 인가를 받고 돌아온 인물이다. 남전은 제자의 큰 그릇을 알아보고 "우리 종파의 법인(法印)이 모두 동국으로 돌아가는구나."라는 말을 남긴다. 이처럼 남전의 가르침은 도윤을 통해 우리가 사는 이곳으로 건너왔다. 아니, 오고 감이 없기 때문에 '여기가 곧 거기'일 뿐이다. 언제나 그 자리에 있다는 뜻이다. 다만 우리의 마음이 탐욕과 집착으로 가득해서 옆에 있는 그를 못 알아보는 것은 아닐지 모를 일이다. 고양이를 베면서까지 진리의 소식을 전하고 다시 중생의 모습으로 이 땅에 오고자 했던 그 마음을 잊지 않기 위해서라도 정신을 차리고 질문을 던져본다. 뭣이 중허냐고 말이다.

집착을 베는 칼

스승의 몽둥이, 제자의 할

선(禪)의 스승들은 제자들을 깨침의 세계로 인도하기 위해 다양한 방법을 활용한다. 자유자재한 그들의 방식을 흔히 격외(格外)라고 하는데, 경전을 공부하고 명상을 하는 것과 같은 일정한 형식(格)을 벗어난다(外)는 뜻이다. 앞선 글에서 소개한 덕산방(德山棒)이나 임제할(臨濟喝)이 대표적이다. 제자를 몽둥이로 때리거나 '악!' 하는 고함소리를 통해 마음의 눈을 뜨게 하는 것이다. 그들은 이러한 충격적인 방식이 언어, 문자를 통한 가르침보다 효과적이라고 판단할 때 사용한다. 아무 때나 쓰는 것이 아니라 제자의 근기나 성향, 공부 정도 등을 종합적으로 판단하여 활용하기 때문에 성공률이 높은 편이다. 이번에 소개할 임제의현(臨濟義玄, ?~867)은 스승인 황벽희운(黃檗希運, ?~850)으로부터 몽둥이를 맞고 깨침에 이른 인물이다. 그는 왜 몽둥이로 맞았으며, 여기에는 어떤 의미가 담겨 있을까?

임제는 산동성 남화(南華) 출신으로 속성은 형(邢), 법명은 의현이다. 그가 언제 태어났는지 정확히 알 수 없지만, 대략 805년에서 815년 사이에 태어난 것으로 추측을 하고 있다. 오늘날 한국 선불교의 연원을 임제종(臨濟宗)에서 찾는 사람이 있을 만큼 우리에게 익숙하면서도 큰 영향을 미치고 있는 인물이다. 그는 황벽의 문하에서 공부하다가 깨침에 이르게 되는데, 그 사연이 매우 흥미롭다. 어느 날 목주(睦州)라는 승려가 임제를 찾아와서 왜 스승에게 질문을 하지 않느냐고 말한다. 임제가 어떻게 질문해야 할지 몰라서 그런다고 하자, 목주는 '무엇이 불법의 대의입니까?' 이렇게 물어보라 조언을 하였다.

임제는 도반이 시킨 대로 스승을 찾아가 불법의 참뜻을 물었지만, 돌아온 것은 뜻밖에도 몽둥이뿐이었다. 온몸에 멍이든 채 묵주를 찾아가자 그는 한 번 더 질문을 해보라고 주문을 했다. 그래서 두 번을 더 찾아갔지만, 황벽의 몽둥이를 피할 수는 없었다. 세 번에 걸친 질문에도 답을 듣지 못한 임제는 이곳과 인연이 아니라는 생각을 하였다. 그가 황벽을 떠나려고 하자 스승은 고안(高安) 강변에 사는 대우(大愚) 선사를 찾아가라고 한다. 대우를 찾아간 임제는 그동안의 사정을 자세히 이야기하면서 왜 자신이 맞았는지 모르겠다고 한탄하였다. 그러자 대우가 그를 꾸짖으면서 이렇게 말한다.

"너의 스승이 그렇게 정성껏 가르침을 주셨건만, 그것을 모르고 여기까지 와서 한탄만 하고 있는 것이냐!"

이 말을 듣는 순간, 임제의 마음이 활짝 열리게 되었다. 그는 웃으면서 황벽의 법도 별거 아니라고 말했다. 대우가 그의 멱살을 잡으면서 무슨 도리를 보았는지 당장 말해보라고 하자 임제는 스승의 옆구리를 세 번 찌르고 나서 큰절을 올렸다. 대우는 임제가 깨침의 문에 들어온 것을 확인하고 '그대의 스승은 황벽이며, 나와는 아무런 관계가 없다'고 하였다. 다시 황벽을 찾아간 임제는 대우를 만나 마음에 눈 뜨게 된 사연을 소상히 말하였다. 황벽은 대우가 쓸데없는 짓을 했다면서 그를 붙잡아 방망이 맛을 보여줘야겠다고 말한다. 이때 임제는 스승을 향해 이렇게 외친다.

"스승님, 기다릴 필요가 있겠습니까? 지금 당장 맛을 봐야지요."

그리고 제자는 스승에게 다가가 뺨을 한 대 때렸다. 황벽이 이런 미친놈이 호랑이 수염을 뽑으려 한다고 말하자 임제는 큰 소리로 '악!' 하고 고함을 질렀다. 그 유명한 임제할이 탄생하는 순간이다. 이렇게 스승과 제자는 몽둥이와 고함소리로 서로의 마음을 확인한다.

처음 이 일화를 접했을 때 도대체 무슨 상황인지 도저히 이해할 수 없었다. 선사들의 대화에 담긴 맥락과 의미를 전혀 가늠할 수 없었기 때문이다. 제자에게 몽둥이로 폭력을 가하는 스승과 그런 스승의 뺨을 때리는 제자를 일반적인 상식으로 어떻게 이해할 수 있겠는가. 일반적인 틀이나 형식(格)에 익숙한 이들은 낯설게 느낄 수밖에 없다. 그래서 그 의미가 무엇인지 곰곰이 생각(生覺)을 하는 것이다. 어느 날 문득 그 뜻이 마음에 들어오면 잠자고 있던 우리의 삶(生)도 깨어나게(覺) 된다.

여하튼 그는 스승에게 배운 방법을 새롭게 응용하여 '임제할'이라는 독특한 수행체계를 확립하였으며 이를 통해 수많은 제자들을 깨침의 세계로 안내한다. 다음은 그가 남긴 열반의 노래다.

> "어찌 해야 법을 길이 이을 수 있는지 묻기에, 참된 성품은 끝없이 비춘다 말했네. 형상과 이름 떠난 그것을 사람들이 받지 않으니, 취모검을 쓰고 나서 급히 다시 갈려 하네(沿流不止問如何 眞照無邊說似他 離相離名人不稟 吹毛用了急還磨)."

취모검의 용도

앞서 언급한 것처럼 선의 스승들이 몽둥이나 할과 같은 충격적인 방법을 쓰는 이유는 그것이 친절한 가르침보다 효과적이라고 느끼기 때문이다. 그렇다면 스승은 어떤 효과를 기대한 것일까? 갑작스레 매를 맞은 제자의 머릿속은 온통 '왜 스승이 나를 때렸을까?'라는 생각으로 가득했다. 잘못한 것도 하나 없고 그저 불법의 요체를 물은 것뿐인데 연속으로 세 번이나 맞았으니, 멍이든 자신의 몸을 보면서 '이게 뭐야?'라는 생각이 떠나지 않았던 것이다. 임제의 마음속에는 온통 몽둥이로 가득해서 다른 것을 담을 수 있는 여지(餘地)가 조금도 없었다. 스승이 노린 지점이 바로 여기에 있었다. 자신이 맞았다는 생각, 즉 집착에서 벗어나지 않는 한 불법을 담을 공간이 없다는 것을 가르치고 싶었던 것이다. 다만 제자의 공부가 무르익지 않아 그것을 깨닫지 못했을 뿐이다.

이는 우리들 일상에서도 흔히 일어나는 일이다. 예를 들어 평소 사이가 좋지 않은 형제가 있었는데, 어느 날 동생이 화해를 해야겠다는 마음을 크게 내고 형을 찾아갔다고 해보자. 그런데 형이 왜 왔느냐면서 큰 소리로 욕을 한다면 어떻게 될까? 동생은 형이 했던 말에 상처를 받아 쉽게 화해하기 힘들 것이다. 동생의 마음이 형의 욕으로 가득하기 때문에 다른 것을 담을 수 있는 공간이 없게 된 것이다. 그러나 화해를 원한다면 아무리 어렵더라도 동생의 마음에서 욕을 밖으로 내보내고 형을 담을 수 있는 공간을 만들어야 한다. 동생의 입장에서 그 길 이외에 다른 방법은 없다.

임제의 열반송에는 이러한 문제를 해결할 수 있는 실마리가 담겨 있다. 말하자면 스승의 몽둥이와 형의 욕이라는 집착에서 벗어날 수 있는 길을 제시하고 있다는 뜻이다. 그것이 다름 아닌 취모검(吹毛劍)이다. 이는 아주 가는 머리카락도 닿으면 단번에 베어지는 날카로운 칼이다. 즉 온갖 번뇌, 망상과 집착을 잘라내는 지혜의 칼인 것이다. 이 칼로 집착을 베어버리면 마음에 공간이 생긴다. 그때 비로소 보름달처럼 밝은 참 성품(眞)이 작동하여 마음의 공간을 더욱 넓히고 존재의 참 모습을 환히 비추는(照) 것이다. 선에서 강조하는 견성은 이때 찾아오는 선물이라고 할 수 있다. 그런데 모양(相)이나 이름(名), 예컨대 '몽둥이'나 '욕'에 집착하면 본래 밝은 바탕이 드러나지 않기 때문에 선사들은 이를 단번에 베어버리는 지혜의 취모검을 활용하는 것이다. 이처럼 자주 사용하여 칼날이 무디어지면 다시 날카롭게 갈아야 한다. 이것이 귀하디귀한 불법을 길이 잇는 길이다.

결국 마음을 깨치거나 고통으로부터 벗어나려면 집착을 소멸시켜야 한다. 이를 위해 눈 뜬 선지식들은 다양한 방법을 동원하는 것이다. 선사들은 가끔 주장자를 들어 보이면서 이것이 있다고 말해도 10대, 없다고 해도 10대, 침묵을 지켜도 10대를 맞을 것이라고 하면서 묻곤 한다. '주장자가 있느냐, 없느냐?'고 말이다. 그러면 제자들은 어찌 해야 할지 몰라서 쩔쩔매고 만다. 스승의 노림수에 걸려든 것이다. 스승이 질문을 던졌을 때, 제자들의 마음속은 온통 주장자로 가득해서 다른 것을 담을 공간이 없게 된다. 옆에서 누군가 쓰러져도 모를 만큼 주장자에 집착하고 있는 것이다. 마치 어느 어머니가 거실에서 막장드라마에 빠져 있게 되면, 딸이 초인종을 눌러도 듣지 못하는 것과 비슷하다. 어머니의 마음속에 초인종 소리를 담을 수 있는 공간이 전혀 없기 때문이다.

이럴 때는 어떻게 해야 할까? 우리의 시선이 주장자에 머물러 있는 한 스승의 몽둥이를 피할 방법은 없다. 그렇기 때문에 마음속에서 주장자라는 물건을 밖으로 내보내야 한다. 그러면 마음에 공간이 생기면서 수많은 답이 보이게 된다. 예컨대 '스승님, 바람이 아주 시원합니다'라고 하던가, '스승님 옷에 단추가 떨어졌습니다'라는 답을 할 수 있다. 아니면 임제처럼 '악!' 하고 소리를 질러도 된다. 주장자가 '있다'거나 '없다'고 하지 않았으며, 침묵하지도 않은 것이다. 알고 나면 참으로 단순한 일이다. 임제가 대우의 도움을 받아 깨치고 나서 "황벽의 법도 별거 아니구먼(黃檗佛法無多子)."이라고 말한 이유도 여기에 있다. 무다자(無多子)란 특별한 것이 없다는 의미의 당대 속어다. 집착에서 벗어나면 모든 것이 별거 아니게 된다. 진리란 복잡하지 않고 순일(純一)하다.

이러한 집착의 시스템을 이해시키기 위해서 강의 시간에 가끔씩 주장자 대신 분필이나 볼펜을 활용하여 선사와 같은 질문을 던지곤 한다. 처음 듣는 학인들은 노림수에 걸려들지만, 이러한 구조를 알게 되면 곧잘 피해 간다. 가장 인상에 남은 어느 학인의 대답이다.

"학장님, 이제 그만 좀 물어보세요!"

강의실에 한바탕 웃음꽃이 피었다.

밖에서 찾지 말라

물속에 비친 나의 모습

그리스 신화에는 나르키소스라는 소년의 슬픈 이야기가 나온다. 소년은 연못에 비친 아름다운 얼굴을 보기 위해 매일 그곳을 찾아 갔는데, 어느 날 그 모습에 매혹되어 연못에 빠져 죽었다는 내용이다. 그가 태어났을 때 예언자인 티레시아스(Tiresias)는 아이가 자기 자신을 알아볼 때 죽게 될 것이라고 예언했다 한다. 이 신화를 읽으면서 소년은 왜 스스로 목숨을 끊었을까 궁금했었다. 어쩌면 소년은 물에 비친 아름다운 모습을 사랑했는데, 그가 다름 아닌 자기 자신이라는 것을 알게 되어 허탈한 마음에 죽음을 택한 것은 아닐까 생각한 적이 있다. 소년이 죽은 자리에 한 송이 꽃이 피어났다고 한다. 바로 '자기애', 혹은 '자아도취'라는 꽃말을 지닌 수선화다. 수선화를 영어로 나르키소스(Narcissus)라 하는 것도 여기에

서 유래한다. 자기에 대한 사랑이 오히려 비극적인 결과를 가져온 셈이다.

반대로 물속에 비친 자신의 모습을 보고 깨달음을 얻은 인물이 있다. 이번 주제인 동산양개(洞山良价, 807~869)가 그 주인공이다. 그는 진리를 깨치기 위해 여러 선지식을 찾아다녔지만, 좀처럼 마음의 문이 열리지 않았다. 그런데 스승인 운암담성(雲巖曇晟, 782~841)의 장례를 마치고 어느 개울을 건너다가 물속에 비친 자신의 모습을 보고 문득 깨달음을 얻는다. 그는 발 닿는 모든 곳이 진리의 세계이며, 부처는 밖에 있는 어떤 대상이 아니라 자기 자신이라는 것을 깨친 것이다. 이때 그가 읊은 깨달음의 시를 물을 건너다 지었다 해서 과수게(過水偈)라 한다. 이 시에서 그는 "절대로 다른 데서 구하지 말라. 까마득해서 나와 멀어진다(切忌從他覓 迢迢與我疎)."고 노래하고 있다. '내가 바로 부처'라는 깨달음, 이것이 진정한 자기애다.

동산은 절강성 회계(會稽) 출신으로 속성은 유(俞) 씨이며, 법명은 양개다. 어린 시절부터 독실한 불자인 부모님 덕분에 절에서 지내는 시간이 많았다. 그는 절에서 〈반야심경〉을 공부하다가 문득 궁금증이 생겼다. 자신의 얼굴에는 분명 눈과 귀, 코, 혀 등이 있는데, 경전에는 여섯 가지 감각기관이 모두 없다(無眼耳鼻舌身意)고 했기 때문이다. 그래서 곧장 절의 주지에게 그 이유를 물었지만, 소년의 단순하면서도 낯선 질문에 주지는 답을 하지 못한다. 그는 자신이 감당할 수 있는 물건이 아니라는 것을 알고 오설산(五洩山)에 주석하고 있던 영묵선사(靈黙禪師)에게 소년을 보낸다. 영묵은 마조도일(馬組道一)의 법을 이은 선사다. 동산은 이곳에서 출가를 하고 진리를 찾아, 부처를 찾아 구도행각을 나섰다가 앞서 언급한 것처럼 물속에 비친 자신의 모습을 보고 깨침을 얻게 된다.

그가 활동하던 당시는 불교에 대한 탄압이 극심한 시기였다. 특히 당나라 무종(武宗)은 왕위에 오르자마자 도교를 숭상하고 불교를 억압하기 시작한다. 그는 사찰 소유의 토지 증가에 따른 국가경제의 황폐화와 승려들의 부패와 타락을 명분으로 불교를 탄압하였다. 841년부터 시작된 불교 탄압은 845년까지 이어지는데, 무려 4,600여 곳의 사찰을 몰수하고 수십만 명에 이르는 승려를 강제로 환속시킨다. 역사는 무종의 연호인 회창(會昌)의 이름을 따서 이를 '회창의 폐불(廢佛)'이라 부른다. 동산은 이러한 불교 암흑의 시대를 살아낸 인물이다.

이러한 탄압에도 불구하고 진리를 깨치고자 하는 그의 열망을 막지는 못했다. 그는 깨침을 통해 마음의 부처를 찾고 모든 번뇌에서 벗어나게 된다. 그리고 강서성(江西省) 고안현(高安縣) 동산(洞山)에 법석을 마련하고 자신이 깨친 진리를 대중들에게 전하는 데 온 힘을 쏟는다. 이때부터 그의 이름이 동산으로 불리기 시작하였다. 그가 이승에서의 일을 모두 마치고 열반에 들려 하자 제자들은 슬피 울면서 사바세계에 좀 더 머물도록 간청하였다. 스승은 고요 속으로 떠나기 전에 대중들의 어리석음을 일깨우기 위해 우치재(愚痴齋)를 지내기도 하였다. 그는 7일 동안 매일같이 법문을 설한 뒤 8

일쩨 되는 날 가부좌한 채로 조용히 원적(圓寂)에 들었다. 다음은 슬퍼하는 제자들을 위해 그가 남긴 열반의 노래다.

"출가한 사람은 절대로 대상에 의지하지 않나니, 이것이 참다운 수행이다. 삶은 일하는 것이며 죽음은 쉬는 것인데, 어찌 슬픔이 있겠는가(出家之人 必不依物 是眞修行 勞生息死 於悲何有)."

대상에 의지하지 말라

동산은 중국 선불교를 대표하는 다섯 종파, 그러니까 조동종(曹洞宗)과 임제종(臨濟宗), 운문종(雲門宗), 위앙종(潙仰宗), 법안종(法眼宗) 가운데 조동종을 대표하는 인물이다. 조동종은 동산의 제자인 조산본적(曹山本寂, 840~901)의 '조(曹)' 자와 동산의 '동(洞)' 자를 합해서 부르는 이름이다. 흥미로운 것은 스승이 아니라 제자의 이름이 앞에 붙는다는 사실이다. 임제종과 법안종처럼 종조(宗祖)의 이름을 사용하거나, 아니면 위앙종처럼 스승인 위산영우(潙山靈祐, 771~853)의 '위' 자가 제자인 앙산혜적(仰山慧寂, 803~887)의 '앙' 자 앞에 있는 것이 일반적인데, 조동종은 제자의 이름이 앞에 나오는 것이다. 중국 선불교를 공부할 당시 의아하게 여겼던 부분이기도 하다. 그때는 제자가 스승보다 뛰어나서 그런 것이 아닌가 생각했는데, 알고 보니 이유는 의외로 단순했다. 육조혜능이 주로 머물던 조계산의 조(曹)와 조산본적의 조(曹)가 글자가 같기 때문이다. 말하자면 여러 종파 가운데 조동종이 조계(曹溪)의 적자임을 드러내고 싶었던 것이다. 이 역시 종파 간의 경쟁이 낳은 산물이라 할 것이다.

동산은 이승을 떠나면서 출가자는 결코 대상에 의지해서는 안 된다는 유훈을 남겼다. 그것이 참다운 수행이기 때문이라는 것이다. 그렇다면 동산이 말한 '대상에 의지한다(依物)'는 것은 어떤 의미일까? 먼저 떠오르는 것은 부처를 대상화하여 밖에서 찾는 일이다. 이는 동산 자신의 경험에서 나온 소중한 가르침이다. 그는 부처를 찾아 30여 년간 수많은 산을 오르고 강을 건너야 했다. 하지만 그가 찾은 해답은 '내가 바로 부처'라는 사실이었다. 이러한 존재의 실상을 물속에 비친 자신의 모습을 보고 비로소 깨친 것이다. 동산에게 냇물은 자신을 환히 비추는 마음의 거울이었던 것이다. 그래서인지 그는 제자들을 지도할 때도 자신의 경험을 활용하여 생생하게 가르치곤 하였다. 언젠가 한 제자가 동산에게 자신이 죽으면 비로자나불과 석가모니불, 미륵불 가운데 어느 곳에 머물게 되느냐고 물은 적이 있다. 그때 스승은 이렇게 답한다.

"나는 지금 여기에 있느니라."

지금, 여기 있는 내가 참 부처라는 뜻이다. 그렇기 때문에 부처를 대상화하거나 밖에서 찾지 말라는 것이다. 열반송에 등장하는 '대상에 의지해서는 안 된다(不依物)'는 뜻과 서로 통한다고 할 수 있다. 이 부분을 읽으면서 문득 고려 때 보조국사 지눌이 떠올랐다. 언젠가 한 승려가 "부처란 무엇인가?" 하고 물은 적이 있다. 그러자 지눌은 환불(幻佛)을 말하는 것인지, 아니면 진불(眞佛)을 말하는 것인지 다시 물었다. 승려는 부처에도 환진(幻眞)이 있느냐면서, 그렇다면 어떤 것이 허깨비 부처인지 다시 질문하였다. 지눌은 조금의 망설임도 없이 삼세(三世)의 모든 부처가 환불이라고 답하였다. 승려는 우리가 의지하는 모든 부처가 허깨비라는 말에 의아해하면서, 그렇다면 어떤 것이 참 부처인지를 물었다. 다음은 지눌의 답이다.

"그대가 바로 참 부처니라."

대상에 의지하지 않는 삶이란 부처를 밖에서 찾는 것이 아니라 나 자신이 부처임을 바로 보는 일이다. 그럴 때 비로소 석가모니 붓다의 유훈처럼 '자신을 등불 삼고(自燈明) 진리를 등불 삼아(法燈明)' 살아갈 수 있는 것이다. 다만 우리의 시선이 밖을 향해 있어서 그것을 모를 뿐이다. 따라서 시선을 안으로 돌이키는 반조(返照)의 지혜, 자신을 '있는 그대로' 비추는 마음의 거울이 필요하다.

그리고 동산의 열반송에 등장하는 '대상에 의지하지 말라'는 가르침을 우리의 실존과 관련해서 이해할 필요가 있다. 많은 사람들이 알고 있는 이솝의 우화 〈돼지들의 소풍〉이 있다. 자신은 빼고 다른 돼지만 세다가 소풍을 가지도 못하고 돌아온 어리석은 돼지들의 이야기다. 그런데 이는 자본과 권력, 고가의 자동차, 유명 브랜드의 아파트 등에 취해(依物) 정작 중요한 자신은 잃어버리고 사는 오늘의 우리 모습과 별반 다르지 않다. 그래서 동산과 같은 선지식은 대상(物)에 의지해서 인간상실, 자기소외의 삶을 살아서는 안 된다고 강조하는 것이다. 자칫 인생이라는 소풍이 어리석은 돼지들처럼 물거품이 될 수 있기 때문이다.

어느 시인처럼 '소풍 끝나는 날 가서 아름다웠다고' 노래할 순 없더라도 다른 돼지만 세다가 소풍을 망치지는 않았으면 좋겠다. 소풍을 이끈 대장은 냇물을 건너면서도 자신의 모습을 보지 못했다. 그래서 다른 돼지들만 쳐다보는 수고로움(勞)만 있을 뿐 휴식(息)은 없었던 것이다. 이는 내 안의 부처를 외면한 채 소위 영험하다고 소문난 사찰을 찾아다니는 것과 크게 다르지 않다. 그 영험이라는 것이 나의 욕심을 채워주지 못하면 또 다른 곳으로 발길을 돌려야 한다. 그러니 어찌 고통과 슬픔(悲)이 떠날 수 있겠는가. 마음에서 마음으로 전한 선지식들이 왜 부처를 밖에서 찾지 말라고 강조했는지 우리 중생들이 이해해야 한다. 그렇게 살면 동산의 지적처럼 죽음은 휴식이 된다. 슬퍼할 이유가 전혀 없는 셈이다.

11. 투자대동(投子大同)

아무 걱정 말아요

기름장수 늙은이라고?

어린 시절부터 마음을 나눠온 벗이 불교신문에 연재하고 있는 〈죽음을 철학하는 시간〉을 읽고 이런 말을 한 적이 있다. 언젠가 죽음이 다가오더라도 노인으로 죽지 말고 글을 쓰는 작가로 죽었으면 좋겠다고 말이다. 세월이 흐르면 늙고 병드는 것은 어쩔 수 없지만, 삶의 마지막을 무기력하게 맞이하지 말고 하고 싶은 일을 하면서 당당하게 마무리했으면 하는 바람이 담겨 있었다. 그래서인지 고마운 마음이 들었다. 이런 이야기를 하는 이유는 문득 이번 주제인 투자대동(投子大同, 819~914)과 조주종심(趙州從諗, 778~897) 사이의 대화가 떠올랐기 때문이다. 어느 날 조주가 찾아오자 투자는 기름 한 병을 들고 나왔다. 이때 조주는 "투자의 소문을 들은 지 오래 되었건만, 이곳에 와서 보니 기름장수 늙은이만 보이는구려."라고 말하였다. 이 말을 들은 투자의 반응이다.

"선사는 기름장수 늙은이만 보았지, 투자는 모르는군요."

기름을 들고 있는 늙은이만 보지 말고 당신 앞에 서있는 사람을 있는 그대로 보라는 뜻이다. 투자의 주체적인 모습을 엿볼 수 있는 대목이다. 당대 최고의 선사 앞에서도 주눅 들지 않고 당당하게 자신을 드러내는 모습에 조주 역시 무척 기뻤을 것이다. 선의 세계에서는 어떤 상황에서도 주체적이고 당당한 모습을 잃지 않는 것이 중요하다. 그것은 곧 선의 생명이기 때문이다. 이 만남을 계기로 투자의 이름이 널리 알려지게 되었고 마음의 눈을 뜨려는 운수납자들이 투자산(投子山)으로 모여들기 시작하였다.

투자는 서주(舒州) 회령(懷寧) 출신으로 속성은 유(劉) 씨다. 어린 나이에 출가를 해서 호흡을 관(觀)하는 수식관(數息觀)을 수행했다고 전하는데, 어느 날 〈화엄경〉을 읽다가 문득 깨달은 바가 있었다고 한다. 그 뒤 취미산(翠微山)의 법석에 가서 선(禪)의 종지를 깨치게 된다. 그때부터 발길 닿는 대로 운수행각에 나섰다가 고향으로 돌아와 투자산에 초막을 짓고 은거를 한다. 그가 투자 선사로 불리는 이유다. 앞서 언급한 조주와의 선문답은 그가 이곳에 주석할 때 이루어진 것이다.

투자의 주체적인 모습을 확인할 수 있는 또 다른 일화가 있다. 어느 날 투자가 설법을 하고 있는데 한 승려가 "삼신(三身) 가운데 어떤 몸이 설법을 합니까?"라고 물은 적이 있다. 대승불교에서는 역사적인 붓다를 진리 자체인 법신(法身)과 중생들의 바람에 응하는 보신(報身), 그리고 중생을 제도하기 위해 이 땅에 온 화신(化身)으로 해석하였다. 이를 삼신불(三身佛)이라 하는데, 대표적인 법신불로는 비로자나불이 있으며 보신불로는 아미타불과 약사여래, 화신불로는 석가모니불이 있다. 선불교에서는 모든 부처를 마음 심(心) 한 글자로 압축하고 있다. 마음이 곧 부처(心即佛)이기 때문이다. 여기에서 승려는 투자에게 법신과 보신, 화신 가운데 어떤 몸(身)으로 설법을 하고 있는지 묻고 있는 것이다. 호기가 넘치면서도 선기가 느껴지는 질문이다. 이때 투자는 대중들을 향해 손가락을 튕겨보였다. 언어적 설명이 아니라 단순한 행위로 답을 한 것이다.

선의 매력이 물씬 풍기는 장면이긴 하지만, 이를 잘못 해석해서 얼마 남지 않은 눈썹이 모두 빠지지나 않을지 모르겠다. 손가락을 튕기는 행위의 주체는 삼신 가운데 그 누구도 아닌 바로 나 자신이다. 선(禪)은 누가 시킨다고 해서 갈 수 있는 길이 아니다. 깨치는 것도, 수행하는 것도 어떤 부처가 대신 해주는 것이 아니라 철저히 주체적으로 해야 한다. 영화 〈나랏말싸미〉에서 신미대사가 "밥은 빌어먹을 수 있으나, 진리는 빌어먹을 수 없다."고 말한 것처럼 말이다. 투자의 단순한 행위 속에는 손가락 튕기는 장면을 바라본 승려 또한 자신이 어떤 바탕인지 돌이켜보라는 준엄한 가르침이 담겨 있다.

투자산에서 그는 30여 년 동안 수많은 제자들을 깨침의 길로

안내하였다. 그러던 어느 날 선사가 병을 보이자 대중들은 의원을 부르려고 하였다. 그러자 투자는 걱정하지 말라고 하면서 다음과 같은 시를 남기고 가부좌한 채 열반에 들었다. 96년간의 세연이 그렇게 흩어지고 있었다.

> "사대가 작동하여 모이고 흩어지는 것이 일상이니, 그대들은 아무 걱정 말라. 나 스스로 잘 보전할 테다(四大動作 聚散常程 汝等勿慮 吾自保矣)."

걱정 말아요, 그대

가수 전인권이 부른 〈걱정 말아요 그대〉라는 노래가 있다. 몇 해 전 어느 경연프로그램에서 새롭게 편곡된 곡이 소개되어 대중들의 많은 사랑을 받았다. 또한 드라마 〈응답하라1988〉에도 삽입되어 사람들에게 깊은 위로와 공감을 주기도 하였다. 가사 중에 '지나간 것은 지나간 대로 그런 의미가 있죠'라는 구절이 있다. 참으로 멋진 노랫말이다. 그런데 지나간 것이 의미를 가지려면, 과거에 대한 집착을 떨칠 수 있어야 한다. 아픈 기억을 가슴 깊이 묻어서는 안 되는 일이다. 무의식 속에 저장된 아픈 기억이 업(業)으로 작용하여 현재에 좋지 않은 영향을 줄 수 있기 때문이다. 그렇게 되면 과거는 의미가 아니라 집착이 되고 만다. 마음에서 쿨하게 그 사람을 보낼 수 있어야 지나간 것은 지나간 대로 의미가 있다는 뜻이다. 후회 없이 사랑했고 꿈을 꾸었다는 말은 이때 나오는 추억에 대한 찬사다. 한마디로 집착에서 벗어나야 과거는 아름다운 추억이 된다는 것이다.

덕산선감 편에서 잠시 언급했지만, 그는 "〈금강경〉에 '과거심도 얻을 수 없고 현재심도 얻을 수 없으며 미래심도 얻을 수 없다'고 나오는데, 스님은 어느 마음에 점을 찍겠습니까?"라는 노파의 질문에 대답하지 못했다. 덕산의 마음속에 〈금강경〉에 대한 집착과 허풍 떠는 선종의 인사들을 소탕하겠다는 생각으로 가득해서 다른 것을 담을 수 있는 공간, 즉 마음의 여유가 없었기 때문이다. 노파의 질문은 온갖 집착으로부터 벗어나지 못하고 있는 오늘의 우리에게도 여전히 유효하다. 궁극적으로 우리는 모두 이렇게 답할 수 있어야 한다. 집착만 하지 않는다면 첫 번째 화살, 그러니까 과거의 일은 웃으면서 이야기할 수 있는 아름다운 추억이 될 것이고, 현재는 내가 가진 것에서 만족과 행복을 느끼는 삶이 될 것이며, 미래에 대한 불안과 기대는 오히려 새로운 꿈과 희망이 된다고 말이다. 그러니 집착만 제거할 수 있다면 어느 마음에 점을 찍은들 무슨 상관이겠는가.

투자는 열반의 길에서 슬퍼하는 제자들을 향해 삶은 지수화풍(地水火風) 사대의 인연으로 모인 것이며 죽음은 인연이 다하여 흩어지는 것이니 아무 걱정 말라(汝等勿慮)고 당부하였다. 그리고 내가 잘 보존하겠다는 마지막 유훈을 남겼다. 이는 과거와 현재, 미래에 대한 모든 집착에서 벗어나 자신의 삶을 주체적으로 이끈 사람에게서만 나올 수 있는 언어다. 대상에 이끌려 주인공의 삶을 살지 못한 중생들이 할 수 있는 말이 아닌 것이다. 우리는 이러한 선지식들의 당당한 언어를 낙타의 외침(駱駝吼)이 아니라 사자의 외침(獅子吼)이라 부른다.

철학자 니체(Friedrich Wilhelm Nietzsche, 1844~1900)는 유명한 저서 『차라투스트라는 이렇게 말했다』 서문에서 인간의 정신을 낙타와 사자라는 동물에 비유한 적이 있다. 인간이 낙타 등에 물건을 실으면 순순히 가야만 하는 상황을 빗대어 낙타는 '~해야 하는(You should.)' 정신을 대표하고 있다. 하지만 인간은 감히 사자의 등 위에 짐을 실을 수 없다. 그랬다간 목숨을 내놓아야 한다. 사자는 인간에게 예속된 낙타와 달리 저 넓은 들판을 자유롭게 뛰어다닐 수 있다. 이를 비유해 니체는 사자를 '~하고자 하는(I will)' 정신을 나타낸다고 보았다. 물론 우리가 지향해야 할 정신은 낙타가 아니라 주체적인 삶을 의미하는 사자다. 앞서 언급한 사자후나 사찰에 있는 사자루(獅子樓) 등은 이를 상징적으로 보여주고 있다.

언젠가 한 노파가 투자에게 집에서 키우던 소를 잃어버렸으니 소가 어디 있는지 점을 쳐서 알려달라고 말한 적이 있다. 그러자 투자는 노파를 불렀다. 그 노파가 "예." 하고 대답을 하자 투자가 이렇게 말했다.

"소가 아직 여기 있구나!"

불교에서 소는 마음을 의미한다. 사찰 법당 벽면에서 흔히 볼 수 있는 심우도(尋牛圖)는 목동이 잃어버린 소를 찾아서 집으로 돌아오는 과정을 나타낸 그림이다. 한마디로 잃어버린 마음을 찾아 떠나는 여정인 셈이다. 노파가 투자의 부름에 "예." 하고 대답한 것은 아직 자신의 본래면목(本來面目)을 잃지 않고 있다는 뜻이다. 노파는 얼떨결에 대답을 했지만, 그 순간 선사가 자신을 부른 의미를 깨닫고 즐거운 마음으로 집으로 돌아갔다.

이제 우리도 잃어버린 나 자신을 찾아야 하지 않을까. 오늘날 현대인이 앓고 있는 자기상실, 인간소외라는 병은 우리가 주체적이지 못하고 자본과 권력, 물질이라는 대상에 이끌려 살기 때문에 나타난 현상이다. 한마디로 낙타근성에서 벗어나지 못하고 있다는 뜻이다. 여기에서 벗어나 주체적인 사자의 정신을 회복해야 한다. 나 스스로 잘 보전할 테니(吾自保矣) 걱정하지 말라는 투자의 마지막 유훈에서 우리는 이러한 인문정신을 읽을 수 있다. 그의 가르침이 오늘에도 여전히 의미를 갖는 이유다.

앞서 언급한 작가로 죽으라는 친구의 말이 떠오를 때면, 수업 시간에 이를 활용해서 우리 모두 노인으로 죽지 말고 붓다의 아들과 딸로 죽음을 맞이하자고 말하곤 한다. 우리는 본래 사문 석가의 딸과 아들(佛子)이니까 말이다. 그러니 불자여, 아무 걱정 하지 말아요.

꺼지지 않은 불씨

리틀 붓다(Little Buddha)

1993년에 개봉한 '리틀 붓다(Little Buddha)'라는 제목의 영화가 있다. 불교의 환생이라는 주제를 매개로 붓다의 일생을 그리고 있는 영화다. 사람들에게 널리 알려진 키아누 리브스(Keanu Reeves)가 주연을 맡아 어린 붓다, 즉 싯다르타의 역할을 잘 소화했던 것으로 기억된다. 지금도 부처님오신날이 돌아오면 나도 모르게 이 영화가 떠오르곤 한다. 이런 이야기를 하는 이유는 앙산혜적(仰山慧寂, 803~887) 또한 리틀 붓다라 불렸기 때문이다. 한자로는 소석가(小釋迦)라고 한다. 붓다와 같이 지혜롭고 위대한 삶을 살았기 때문에 그렇게 불렸을 것이다. 그렇다면 그는 구체적으로 어떤 삶을 살다 갔기에 작은 부처라 불리게 되었을까?

앙산은 광동성 소주(韶州) 출신으로 속성은 섭(葉) 씨다. 그는 선불교를 대표하는 다섯 종파(五家) 가운데 위앙종(潙仰宗)을 창시한 인물이다. 위앙종은 스승인 위산영우(潙山靈祐, 771~853)의 '위'자와 앙산의 '앙'자를 합해서 부르는 이름이다. 그는 열다섯 살 때 출가를 결심했으나 부모가 허락하지 않아 뜻을 이루지 못한다. 하지만 앙산은 출가의 뜻을 굽히지 않고 2년 후에 다시 자신의 결심을 부모에게 전한다. 이때는 말로만 한 것이 아니라, 부모 앞에서 손가락 두 개를 자르는 결기를 보이기도 하였다. 문득 달마의 제자가 되기 위해 자신의 팔을 자른 혜가단비(慧可斷臂)의 일화가 떠올랐다. 모두 간절했기 때문에 나올 수 있는 행동이다. 아들의 이런 모습을 지켜본 부모의 심정은 어땠을까? 그는 아파하는 두 분 앞에 무릎을 꿇고 자신의 마음을 이렇게 밝힌다.

"바른 법(正法)을 구하여 반드시 부모님의 노고에 보답하겠습니다."

이처럼 간절한 서원을 세우고 출가를 했으니, 진리를 향한 구도행이야 말할 것이 있겠는가. 그는 출가 후 구족계(具足戒)를 받기 전까지 진리의 스승을 찾아 여러 곳으로 행각을 떠났다. 그러다가 위산을 만나 마음의 문을 활짝 열게 된다. 앙산이 위산을 찾아오자 스승은 이렇게 물었다.

"그대는 주인이 있는 사미인가, 아니면 주인이 없는 사미인가?"

진리를 향한 앙산의 마음이 얼마나 주체적이고 당당한지를 묻고 있는 것이다. 자신이 삶의 주인공인지, 아니면 대상에 이끌려 살아가는 엑스트라인지 성찰하는 일은 선(禪)의 생명이라 할 만큼 중요한 의미를 가진다. 스승은 지금 이를 시험하고 있는 것이다. 앙산은 자신 있는 표정으로 주인이 있다고 대답한다. 그러자 스승은 그 주인이 어디에 있냐며 고삐를 늦추지 않는다. 제자는 대답 대신 서쪽에서 동쪽으로 걸어오더니 그 자리에 우뚝 섰다. 스승은 이 물건이 범상치 않다는 것을 직감하고 차분하면서도 친절하게 마음의 길을 보여주었다. 위산은 이때 제자에게 영염(靈焰), 즉 신령스런 불꽃이 얼마나 무궁한지(靈焰之無窮) 돌이켜보라는 가르침을 주었다. 그러면 참다운 부처가 여여(如如)한 모습으로 드러나게 될 것이라고 하였다. 이 말을 듣고 앙산은 깨침에 이르게 된다.

그렇다면 위산이 말한 신령스런 불꽃은 무엇일까? 그것은 다름 아닌 불교에서 수없이 강조하고 있는 불성(佛性)을 의미한다. 이 깨달음의 불꽃은 본래부터 무궁무진(無窮無盡)한데, 우리들의 시선이 밖을 향하고 있기 때문에 그것을 모르고 있을 뿐이다. 따라서 시선을 안으로 돌이키면 내 안의 참 부처가 있는 그대로 드러나게 된다. 견성(見性)은 이때 찾아오는 종교적 체험이다. 앙산은 위산의 가르침을 통해 이러한 진리의 샘물을 맛본 것이다.

그런데 위산이 앙산에게 불꽃 이야기를 한 데는 나름의 이유가 있다. 위산 역시 스승인 백장회해(百丈懷海, 749~814)로부터 이와 같은 가르침을 받고 깨침에 이르렀기 때문이다. 어느 날 백장이 손가락으로 화로를 가리키면서 불이 있느냐고 물었다. 위산이 이미 꺼졌다고 대답을 하자 백장은 화로 안을 뒤적이다가 작은 불씨 하나를 찾아내 보여주면서 큰 소리로 외쳤다.

"이것은 불이 아니고 무엇이더냐!"

위산의 마음속에 잠자고 있던 깨달음의 불씨가 살아나는 순간이다. 이런 체험이 있었기 때문에 위산은 제자에게 네 안의 신령스러운 불꽃을 피워야 한다고 강조한 것이다. 스승의 가르침으로 깨침에 이른 제자 역시 앙산(仰山)의 관음원(觀音院)에 머물면서 대중들의 마음 속 불씨를 살려내기 위해 온 정성을 기울였다. 그에게 불교 공부는 곧 마음의 불씨를 찾아 밝히는 과정이었던 것이다. 그는 여느 선사들과는 달리 입적에 이르기 몇 년 전에 열반송을 지었다고 하는데, 내용은 다음과 같다.

"나이 일흔일곱을 채웠지만 지금도 늙어가고 있다네. 성품에 맡겨 스스로 부침을 하나니, 양손으로 무릎을 붙잡고 굽히네 (年滿七十七 老去是今日 任性自浮沈 兩手攀屈膝)."

불성의 불씨

앙산의 열반송을 처음 접했을 때 두 손으로 무릎을 붙잡고 굽힌다는 것이 무엇을 의미하는지 가늠할 수 없었다. 지금이라고 해서 어찌 선사의 깊은 뜻을 알 수 있겠는가. 하지만 자신의 시선에서 이를 헤아리고 의미를 찾는 일을 중단할 수는 없는 일이다. 그런 것이 중생의 업(業) 아니겠는가. 앙산은 두 손으로 무릎을 껴안고 열반에 들었다. 가부좌한 채 입적에 든 일화는 많이 접했어도 이는 흔히 볼 수 없는 모습이다. 그의 마지막 모습에 담긴 의미를 "성품에 맡겨 스스로 부침을 한다(任性自浮沈)."는 구절을 통해 가늠해보고자 한다.

앙산은 스승의 가르침을 통해 불성의 빛을 밝힌 인물이다. 그가 살아낸 77년의 여정은 저 하늘에 떠있는 구름과도 같았다. 그 77년의 삶이 불성이라는 구름과 만나 떠있었던(浮) 것이다. 이제 그 인연이 다해서 죽음이 다가왔으니 가라앉는(沈) 일만 남았다. '삶이란 한 조각 뜬 구름이 일어나는 것(生也一片浮雲起)이요 죽음이란 한 조각 뜬 구름이 사라지는 것이다(死也一片浮雲滅)'는 말이 있는데, 비슷한 맥락과 의미를 지닌다 할 것이다. 그렇다면 삶이란 무릎을 펴는 일이요, 죽음이란 무릎을 오므리는 일이 아니겠는가. 스스로 발견한 불성을 잘 쓰면서 중생들을 위해 살았으니, 갈 때는 조용히 거두어들이는 것이 자연스러운 일이다. 이런 의미로 앙산은 두 손으로 무릎을 껴안고 열반에 든 것이 아니었을까. 세상에 나와 무릎 펴고 잘 살았으므로 무릎 오므리고 잘 간(善逝) 셈이다.

『중용』에 "은밀한 것보다 눈에 잘 보이는 것이 없고(莫見乎隱), 미세한 일보다 분명하게 드러나는 일은 없다(莫顯乎微)."는 구절이 나온다. 여기에서 은밀(隱)하고 미세한(微)한 것은 인간이 본래부터 갖추고 있는 양심을 의미한다. 그런데 왜 이렇게 작은데도 불구하고 잘 보이고 잘 드러난다고 했을까? 그것은 다른 누구도 아닌 나 자신이 행한 일이기 때문이다. 그렇기 때문에 다른 사람은 속일 수 있어도 자신만은 속일 수 없는 것이다. 다만 욕심이 양심을 가리고 있어서 보지 못할 뿐이다. 어쩌면 애써 안 보려고 하는 것은 아닌지 모를 일이다. 유가(儒家)에서 신독(愼獨), 즉 홀로 있을 때 스스로를 삼가는 것을 강조하는 이유도 여기에 있다.

위산과 앙산이 모두 강조한 불성의 불씨 역시 마찬가지다. 너무 작고 약해서 마치 꺼진 것 같지만, 눈을 크게 뜬다면 모두가 볼 수 있는 일이다. 다만 삼독(三毒)의 꿈에 취해 있기 때문에 보이지 않을 뿐이다. 이때 필요한 것이 무엇일까? 바로 꿈에서 깨어나게 해주는 한 바가지의 시원한 물이다. 이와 관련해서 흥미로운 이야기가 전한다. 어느 날 스승인 위산이 낮잠을 자고 있는데, 앙산이 다가가 어디가 불편하시냐고 물었다. 위산은 문득 제자의 공부가 얼마나 익었는지 시험하고 싶어졌다. 스승은 아직 꿈에서 깨어나지 않아 그렇다고 하면서 무슨 꿈인지 궁금하지 않느냐고 물었다. 그러자 제자는 아무런 말없이 밖으로 나가더니 차가운 물이 담긴 세숫대야를 들고 들어왔다. 그리고 위산을 향해 말했다.

"스님, 세수나 하시지요."

스승만큼 제자의 성장을 기뻐하는 이도 없다. 위산은 불쑥 커버
린 제자를 보면서 즐거운 마음으로 세수를 하였다. 스승은 제자에
게 자기가 꾸고 있는 꿈이 무엇인지 궁금하지 않느냐고 물었다. 만
약 제자가 궁금해 하면서 꿈 이야기를 들려달라고 말했다면 어땠
을까? 아마 이야기를 해줄 테니 가까이 오라고 하면서 꿀밤을 먹
이지 않았을까 싶다. '꿈은 꿈일 뿐인데, 그것이 뭐 그렇게 중요하
단 말이냐. 아직도 꿈에서 깨어나지 못했구나!' 이렇게 말하면서
호통을 쳤을 것 같다. 하지만 제자는 스승의 의도를 알아차리고 함
정에 빠지지 않았다. 오히려 스승을 향해 꿈 이야기 그만 하시고
세수나 하라면서 물을 떠다주었다. 웃음이 나면서도 마음과 마음
으로 나누는 스승과 제자의 대화가 정겹게 느껴진다.

우리는 모두 석가모니 붓다를 정신적 아버지로 두고 태어난 리
틀 붓다다. 그런데 삼독의 꿈에 취해 작은 불씨로 숨어 있는 붓다
의 DNA, 즉 불성(佛性)을 못 보고 있다. 그렇다고 해서 불씨가 완전
히 꺼진 것은 아니다. 꿈에서 깨어나 눈을 크게 뜨면 붓다를 닮은
내 모습을 발견할 수 있다. 앙산은 그 작은 불씨를 살려내 자신뿐
만 아니라 꽁꽁 얼어붙은 대중들의 몸과 마음을 녹인 소석가였다.
우리가 그를 공부하는 이유다.

폼 나는 인생

한 손가락의 위엄

처음 선불교를 공부하면서 당황한 적이 많았다. 선사들이 제자들을 가르치는 방식을 쉽게 이해할 수 없었기 때문이다. 앞에서 여러 번 살펴본 것처럼, 불교의 핵심에 대해 질문하는데 대답은 하지 않고 난데없이 몽둥이가 날아오는가 하면, 갑자기 '악!' 하고 고함을 지르기도 한다. 이뿐만 아니라 제자의 질문에 침묵으로 일관하며, 질문과는 전혀 상관없는 동문서답을 하는 경우도 많다. 흥미로운 것은 일반인의 상식으로는 도저히 이해할 수 없는 행동에 제자들은 마음의 문을 열고 깨침에 이른다는 사실이다. 중생의 시선으로는 이해할 수 없지만, 마음과 마음으로 전하는(以心傳心) 그들만의 무언가가 있었던 것이다.

이번에 살펴볼 인물은 손가락 하나로 제자들을 가르친 금화구지(金華俱胝)다. 소위 일지선(一指禪)이라 불리는 독특한 가풍은 『벽암록(碧巖錄)』이나 『무문관(無門關)』 등에서 공안(公案)의 한 사례로 등장하고 있다. 이는 구지가 선불교 역사에서 중요한 인물이라는 뜻이기도 하다. 그런데 그에 대한 자세한 내력은 전하지 않는다. 다만 『조당집』과 『전등록』 등에 단편적인 일화가 소개되었을 뿐이다. 그렇다면 손가락으로 제자들을 가르친 구지의 선법에는 어떤 의미가 담겨 있을까?

구지는 당나라 때 활동했던 인물로 항주천룡(杭州天龍)의 제자로 알려져 있다. 그가 무주(婺州)의 금화산(金華山)에서 수행하고 있을 때, 실제(實際)라는 비구니가 이곳을 찾아온다. 당시 선사들이 만나게 되면 서로 쓰고 있던 삿갓을 벗고 인사를 나누는 것이 예의였다. 그런데 실제는 갓을 벗지도 않은 채 구지의 주변을 세 바퀴 돌고 나서 한마디(一轉語)를 제대로 말하면 갓을 벗겠다고 하였다. 아직 마음의 문이 열리지 않은 구지로서는 난처한 입장이었다. 아무런 대답도 못하자 비구니는 그대로 떠나려고 하였다. 그는 해가 이미 저물었으니 하룻밤 묵고 가라고 권하였다. 이때도 한마디(a word)를 들을 수 있다면 그러겠다고 했으나, 구지는 꿀 벙어리가 되어 아무 대꾸도 하지 못했다. 결국 실제는 그곳을 떠나버리고 말았다.

구지는 대장부로서 기개를 펼치지 못한 자신을 자책하면서 실의에 빠졌다. 도대체 그 한마디가 무엇이기에 비구니는 그곳을 떠나고 구지는 스스로에게 실망한 것일까? 선(禪)에서 그 한마디는 단

© 여민

죽음을 철학하는 시간 117

순한 말이 아니다. 그동안 깨침을 위해 갈고 닦은 자신의 밑천이 모두 드러나는 생명과도 같은 것이다. 출가사문으로 살아온 삶 전체를 평가 받는 무서운 말이다. 이를 제대로 보여주지 못했으니, 얼마나 상실감이 컸겠는가. 가만히 있을 수 없었다. 그는 마음의 눈을 뜨게 해줄 스승을 찾아 이곳을 떠나기로 결심한다.

그런데 그날 밤 구지는 신기한 꿈을 꾸게 된다. 꿈속에서 산신(山神)이 나타나 머지않아 대보살(大菩薩)이 올 것이니 조금만 기다리라는 것이었다. 혹시나 하는 마음에 산을 떠나지 못하고 있었는데, 며칠이 지나자 산신의 말처럼 당시 고승으로 알려진 천룡화상(天龍和尚)이 이곳에 나타났다. 구지는 화상에게 그동안 있었던 일을 자세히 설명하고 어떻게 해야 좋을지 모르겠다며 하소연을 늘어놓았다. 구지의 얘기가 끝나자 천룡이 갑자기 한 손가락을 세워서 구지에게 보여주었다. 그 순간 닫혀 있던 마음의 문이 활짝 열리고 그는 깨달음에 이르게 된다. 일지선의 전설은 이렇게 탄생하였다.

이 사건을 계기로 구지는 불법(佛法)을 묻는 이들에게 오직 한 손가락을 세울 뿐 별다른 가르침을 주지 않았다. 그러던 어느 날 한 손님이 절에 찾아왔는데, 마침 구지는 외출하고 없는 상황이었다. 당시 이곳에서 공부하던 시자가 무슨 일로 왔느냐고 묻자 방문객은 선사의 가르침을 듣기 위해 왔다고 답하였다. 평소 구지의 모습을 봐왔던 시자는 궁금한 것이 있으면 자신에게 물어보라고 하였다. 스승이 했던 것처럼 손가락을 세우면 될 것이라 생각했던 것이다. 손님이 불법의 요체가 무엇이냐고 묻자 그는 손가락 하나를 세

위 보였다. 그러나 손님은 이상하다는 듯 고개만 갸우뚱거리며 절을 떠났다.

외출했던 스승이 돌아오자 제자는 낮에 있었던 일을 자랑삼아 늘어놓았다. 구지가 손님에게 어떻게 손가락을 세웠냐고 묻자 시자는 이렇게 했다면서 자신의 손가락을 들어보였다. 그 순간 구지는 칼을 들어 제자의 손가락을 잘라버렸다. 제자가 비명을 지르면서 도망을 가자 스승이 그를 불러 세웠다. 제자가 걸음을 멈추고 뒤를 돌아보는데, 그때 구지는 자신의 손가락을 세워보였다. 제자의 마음이 활짝 열리고 깨침에 이르는 순간이었다. 잔인한 것처럼 보일지 몰라도 손가락 하나 잃고 깨침에 이르렀으니, 어찌 보면 크게 남는 장사를 한 셈이다.

구지는 죽음에 이르는 순간까지 일지선을 펼치면서 수많은 제자들을 진리의 세계로 이끌었다. 그리고 다음과 같은 말을 남긴 채 고요 속으로 떠났다.

> "내가 천룡 화상의 일지두선을 얻고 나서 일생 동안 사용했으나 다 쓰지 못하고 가는구나(吾得天龍一指頭禪 一生受用不盡)."

폼 잡기와 폼 나기

구지와 손가락이 잘린 제자와의 일화에서 엿볼 수 있는 것처럼 당시 어설프게 공부한 승려들이 고승 흉내를 내면서 사회적 물의를 일으키곤 하였다. 선불교가 대중화되면서 제자를 지도하는 다양한 방법이 소개되었는데, 그것을 지켜본 이들이 스승을 모방하여 아무에게나 사용했던 것이다. 어떤 이들은 임제의 할(喝)을 모방하여 고함을 지르면서 고승처럼 행동했으며 아무런 맥락 없이 덕산의 몽둥이를 휘두르기도 하였다. 구지의 제자 역시 마찬가지였다. 하지만 아무렇게나 손가락을 든다고 해서 통하는 것이 아니다. 선은 스승과 제자 사이에 마음과 마음으로 나누는 진리의 대화인데, 허영으로 가득한 어리석은 이의 몸짓이 상대에게 전해질 수 있겠는가. 그저 우스꽝스러운 행위일 뿐이다.

그렇다면 똑같은 행위를 하는데도 결과가 다르게 나타나는 이유는 어디에 있을까? 구지가 손가락을 들어 세우면 깨침에 이르는데, 다른 사람이 하면 왜 아무런 변화가 없느냐는 것이다. 이유는 단순하다. 한마디로 폼 잡는 사람과 폼 나는 사람과의 차이라고 할 수 있다. '성실하고 바르게 살아야 한다'는 말도 인격의 폼이 나는 사람이 하면 듣는 이의 마음이 움직이지만, 아무리 멋지게 폼을 잡더라도 형편없이 살아온 사람이 말하면 전혀 통하지 않는 것과 같다. 공부가 익지 않은 사람이 아무렇게나 손가락을 드는 것은 그저 폼 잡는 것에 불과하다. 그러나 오랫동안 수행 정진한 끝에 한 소식을 깨친 선지식은 굳이 폼을 잡지 않아도 저절로 폼이 난다. 이처럼 폼 나는 사람이 세워 올린 손가락은 단순한 제스처가 아니라 제자들을 진리의 세계로 이끌기 위한 정성과 간절함이 응축된 삶의 몸짓이다. 그러니 어찌 상대가 변하지 않을 수 있겠는가.

『대학』에서는 "정성을 다하면 겉으로 드러난다(誠於中形於外)."고 하였다. 『중용』에서는 이를 압축하여 '성즉형(誠則形)'이라고 표현하였다. 선사들은 폼 잡는 이들과는 달리 온갖 정성을 다하여 손가락을 세우고 고함을 지르면서 마음을 전하였다. 그 진리의 에너지가 밝게 드러나면서 상대에게 전달되기 때문에 미혹에서 깨침으로의 질적 변화를 이끄는 것이다. 폼만 잡아서는 결코 이룰 수 없는 일이다. 흔히 하는 말처럼 폼 잡기는 쉬워도 폼 나기는 어려운 법이다. 또한 폼을 잡는다고 해서 폼이 나는 것도 아니다.

이는 붓다의 일화에서도 엿볼 수 있다. 붓다는 보리수 아래에서 깨침을 이룬 후 자신과 함께 고행(苦行)했던 다섯 비구를 찾아간다. 그들은 싯다르타가 고행을 포기하고 떠났으므로 가까이 오면 아는 체 하지 말자고 굳게 다짐한다. 하지만 그가 다가오자 자신들도 모르게 붓다에게 정례를 드리게 된다. 붓다의 모습에서 깨친 이의 아우라가 느껴졌던 것이다. 이를 가리켜 위의설법(威儀說法), 혹은 상호설법(相好說法)이라 한다. 한마디 말이 없이도 그 사람의 모습에서 이미 설법이 이루어진 것이다. 폼 나는 사람에게는 굳이 폼을 잡지 않아도 상대를 변화시킬 수 있는 힘이 있다.

구지는 일지선을 통해 수많은 제자들이 마음의 눈을 뜰 수 있도록 가르침을 주었으나, 전부 쓰지 못한 아쉬움을 보이면서 고요 속으로 떠났다. 한 명이라도 더 진리의 세계로 이끌려는 선사의 자비심이 느껴지는 대목이다. 그런데 선사들의 마음이 아무리 간절하더라도 우리들이 받아들일 준비가 되어있지 않으면 아무런 소용이 없다. 스승의 간절함을 수용할 수 있는 제자의 노력이 필요하다는 뜻이다.

스승과 제자와의 관계를 나타내는 '줄탁동시(啐啄同時)'라는 말이 있다. 줄(啐)은 병아리가 밖으로 나오기 위해 안에서 쪼는 것이며, 탁(啄)은 어미닭이 밖에서 알을 쪼는 것을 의미한다. 병아리가 알을 깨고 새로운 생명으로 탄생하기 위해서는 줄과 탁이 동시에 이루어져야 한다. 그렇지 않으면 새끼는 밖으로 나오지 못하고 안에서 죽고 만다. 제자의 노력과 스승의 가르침이 딱 맞아야 중생에서 부처로 질적 전환을 이룰 수 있다는 뜻이다. 스승의 부리는 오른쪽을 향해 있는데 제자가 왼쪽을 쪼고 있거나, 스승은 열심히 쪼려고 하는데 제자가 엉뚱한 짓만 한다면 밖으로 나오는 일은 요원할 뿐이다.

『전등록』에는 장경(長慶)이란 인물이 구지의 일지선에 대해 말한 대목이 나온다. "맛난 음식도 배부른 사람에게는 맞지 않는다(美食不中飽人喫)."는 내용이다. 아무리 음식을 맛있게 만들어도 배가 부르면 먹을 수 없으며, 스승이 정성껏 가르침을 주어도 제자가 준비가 되어 있지 않으면 아무 소용없는 일이다. 다양한 명상법이 소개되고 있는 오늘날이다. 어떤 수행이 나에게 맞는지 안 맞는지를 떠나서, 어쩌면 우리의 마음이 수없이 쏟아지는 정보와 지식을 섭취하느라 이미 비만 상태에 놓인 것은 아닌지 돌아볼 일이다. 정작 중요한 진리의 음식이 나왔는데도 배가 불러 먹지 못한다면 너무 안타깝기 때문에 하는 말이다. 불교의 진리는 '나란 누구이며, 어떻게 살 것인가?'라는 질문에 배고프고 목마르며 간절한 사람에게 주어지는 음식이다.

우리도 그 맛있는 음식을 먹고 진리의 폼이 좀 났으면 좋겠다. 그런데 여기에서 간과해서는 안 되는 것이 있다. 처음부터 폼 나는 사람은 없다는 사실이다. 폼은 일상에서 나오는 삶의 몸짓이다. 폼도 자꾸 잡아보고 시행착오를 겪으면서 공부가 익어야 자연스럽게 나오는 것이다. 불격(佛格)의 폼은 그냥 나오지 않는다. 폼 나는 인생을 위하여 문제의식을 갖고 한 걸음, 한 걸음 정진의 길을 걸어보자. 그것이 구지의 마지막 유훈에 조금이라도 응답하는 길이 아닐까 싶다.

14. 방거사(龐居士)

비움의 미학

부처 선발 대회

사찰에 가면 수선당(修禪堂)이나 심검당(尋劍堂)이라 쓰인 편액을
발견할 수 있다. 선을 수행하고 지혜의 칼을 찾는다는 의미에서 드
러나는 것처럼 모두 수행 공간인 선방(禪房)을 가리킨다. 흔치는 않
지만 선방을 선불당(選佛堂)이라 부르는 곳도 있다. 이는 글자 그대
로 부처를 선발하는 장소였다. 한마디로 승과(僧科)를 실시하던 과
장인데, 오늘에는 마음 닦는 수행 공간이라는 상징성을 담아 선불
당으로 불리기도 한다. 봉은사나 백양사에 가면 이를 볼 수 있다.

선불장이라는 이름은 이번 주제인 방거사(龐居士, ?~808)와 인연
이 깊다. 그는 형양(衡陽) 출신으로 이름은 온(蘊)이며, 자는 도현(道
玄)이다. 부유한 유학자 집안에서 태어나 다른 사람들처럼 어린 시
절부터 과거시험을 위한 공부를 한다. 그런데 목불을 쪼개 군불을

124

지핀 일화로 유명한 단하천연(丹霞天然, 739~824)과 함께 과거를 보러 장안으로 향하다가 우연히 주막에서 한 승려를 만나 삶의 진로가 완전히 바뀌게 된다. 그들과 이야기를 나누던 승려가 갑자기 이런 질문을 던진다.

"공부가 아깝네. 그대들은 왜 부처를 뽑는(選佛) 곳엔 가지 않는가?"

두 사람의 삶을 온통 흔들어놓은 질문이다. 또한 선불교 역사의 한 페이지를 장식하는 인물들이 탄생하는 순간이기도 하다. 결국 단하천연과 방거사는 과거를 포기하고 발길을 돌려 마조도일(馬祖道一, 709~788)의 문하에 들어가 부처가 되는 진짜 공부를 하게 된다. 당시 젊은이들은 과거시험을 보는 대신 선불장으로 향하는 일들이 종종 있었다. 왜냐하면 과거 자체가 온갖 부정부패로 얼룩져 폐해가 심각했기 때문이다. 아무리 실력이 뛰어나도 돈과 배경이 없어 시험에 합격할 수 없는 이들이 세속적인 욕망을 버리고 출가의 길을 택했던 것이다. 당나라는 선의 황금시대라 불릴 만큼 뛰어난 인물들이 많이 등장하는데, 그 이면에는 이러한 시대적인 배경도 자리하고 있다. 역사의 아이러니다.

아무튼 방거사는 마조 문하에서 열심히 정진한 끝에 한 소식을 얻게 된다. 이때의 심정을 담은 게송이 『조당집(祖堂集)』에 전해지는데, 잠깐 소개하면 다음과 같다.

"시방의 무리가 한자리에 모여 각각 무위의 법을 배우네. 여기 가 부처를 선발하는 곳이니 마음을 비우면 급제하여 돌아가 리(十方同一會 各各學無爲 此是選佛處 心空及第歸)."

그는 관리를 선발하는 과장이 아니라 부처를 뽑는 선불장에서 진짜 급제를 한 셈이다. 음미하면 음미할수록 참으로 멋진 시라는 생각이 든다. 여기에는 참다운 공부가 무엇인지, 진짜 합격이 무엇 인지가 담겨 있기 때문이다. 다시 말하면 경전을 열심히 암기하여 답안지를 잘 쓰는 것이 아니라 마음을 텅 비우는 것이 참다운 급 제라는 뜻이다. 그래서 방거사는 글공부를 아무리 많이 했더라도 마음으로 그 뜻을 깨치지 못하면, 이는 마치 땅만 많이 차지한 채 마음 소가 밭을 갈지 않는 것(心牛不肯耕)과 같다고 강조하였다. 이 런 밭은 풀만 무성할 뿐(田田皆是草) 벼 싹이 나올 수가 없다(稻從何 處生). 마음공부의 지침으로 삼아도 좋은 경구다.

방거사는 이름에서 드러나는 것처럼 승려가 아니라 평생 거사 (居士)로 산 인물이다. 거사란 도력이 높은 남성 재가자를 가리키는 말이다. 불교의 역사에서 그는 『유마경』의 주인공인 유마와 함께 대승불교를 대표하는 거사다. 그는 도량을 떠나 세속에서 가족들 과 함께 대나무로 엮은 바구니와 조릿대를 팔면서 청빈한 삶을 살 았다. 부모로부터 물려받은 재산이 많았지만, 이를 모두 가난한 사 람들에게 나누어주고 무소유의 삶을 이어갔던 것이다.

특히 방거사의 마지막 모습은 많은 사람들에게 회자되고 있다.

열반의 시기가 다가오자 그는 딸인 영조(靈照)에게 해를 보고 있다가 정오가 되면 와서 알려달라고 하였다. 딸은 밖에서 해를 보고 있다가 정오가 지났는데도 일식 때문에 해가 나오지 않는다고 아버지에게 말하였다. 이게 어찌된 일인지 확인하려고 방거사가 밖에 나간 사이 영조는 아버지가 열반에 들려고 했던 자리에 앉아 가부좌한 채로 입적에 들었다. 아버지보다 먼저 열반에 든 딸의 모습을 본 방거사는 호탕하게 웃으면서 7일 후에 고요 속으로 떠나게 된다. 다음은 방거사의 열반송이다.

"다만 온갖 있는 것을 비우고 없는 것을 채우려 하지 마라. 즐겁게 머문 세간 모두 그림자와 메아리 같나니(但願空諸所有 愼勿實諸所無 好住世間 皆如影響)."

없는 것 채우지 말고 있는 것을 비우라

오래 전 보조국사 지눌(知訥, 1158~1210)의 『수심결(修心訣)』을 공부하면서 방거사를 알게 되었다. 지눌은 이 책에서 『전등록(傳燈錄)』에 있는 방거사의 "신통과 묘용은 다만 물 긷고 나무하는 것(神通幷妙用 運水及搬柴)."이라는 말을 인용하여 일상의 모든 행동이 본래 마음의 작용임을 밝히고 있다. '평상심이 도(平常心是道)'라는 마조의 말과 같은 맥락이라 할 것이다. 마조의 제자답게 방거사는 물을 긷고 나무를 자르는 일상 모두가 도의 작용이라고 보았다. 그런데 이 구절은 또 다른 스승인 석두희천(石頭希遷, 700~790)을 만나 마음의 눈을 뜨고 그에게 바친 게송의 일부다. 석두는 이 시를 칭찬하면서 출가 사문으로 살 것인지, 아니면 재가자로 남을 것인지 선택하라고 조언한다. 앞서 살펴본 것처럼, 방거사는 머리를 깎지 않고 재가자로서 자유로운 삶을 살았다. 그것이 방거사가 원하는 삶이었다.

그는 여느 선사들처럼 우리들 삶을 그림자나 메아리와 같이 무상(無常)하며 공(空)하다고 노래하였다. 그렇기 때문에 없는 것을 채우려 하지 말고 있는 것을 비우라는 마지막 유훈을 남겼다. 평생 무소유의 삶을 살았던 인물답게 비움의 미학을 노래한 것이다. 이 시를 읽으면서 문득 부처와 중생의 차이를 여기서도 찾을 수 있지 않을까 하는 생각이 들었다. 즉 있는 것을 비우는 것이 부처의 길이라면, 없는 것을 채우는 것이 중생의 삶이라는 것이다. 우리는 나에게 없는 것을 채우면 행복할 거라 생각하지만, 실은 그렇지 않다는 것이 잘 살았던 이들의 한결같은 주장이다. 왜냐하면 무언가를 채운다 해도 또 다른 욕망이 계속해서 고개를 들기 때문이다. 아무리 채우려 해도 채워지지 않는 것이 욕망의 속성이다. 그 결과 정신적 불안이나 온갖 짜증, 스트레스 등의 고통이 뒤따르게 된다. 불교식으로 말한다면 탐진치(貪瞋癡) 삼독(三毒)의 삶이 펼쳐지는 셈이다. 그래서 방거사는 이렇게 말한다.

"탐욕 없는 것이 보시보다 낫고 어리석음 없는 것이 좌선보다 낫다. 성냄 없는 것이 지계보다 낫고 생각 없는 것이 인연을 구하는 것보다 낫다(無貪勝布施 無癡勝坐禪 無瞋勝持戒 無念勝求緣)."

『조당집』에서 인용한 구절이다. 누군가를 위해 보시를 하고 열심히 수행을 하며 계율을 지키는 것은 매우 훌륭한 일이다. 이는 탐욕과 성냄, 어리석음을 대치하는 좋은 처방이다. 하지만 약은 병이 생겼을 때 먹는 것이지 병이 없다면 굳이 사용할 이유가 없다. 따라서 가장 좋은 상태는 병에 걸리지 않는 것이다. 한마디로 본래 삼독이 없는 상태가 가장 좋다는 뜻이다.

그러나 현실적으로 이는 매우 어려운 일이다. 삼독의 병에 걸리지 않는 사람이 별로 없으니까 말이다. 이를 대치하기 위한 공부가 여전히 필요한 이유다. 방거사 역시 자신의 재산을 모두 보시하고 수행을 하며, 계율을 지키는 삶을 살았다. 증세에 따른 처방은 분명 필요하다. 방거사의 유훈에는 인간의 탐욕을 치료하는 명약이 소개되어 있는데, 바로 온갖 있는 것을 비우는 것이다. 비움의 미학을 실천하는 길이 보시, 즉 나눔에 있었던 것이다.

지난해 한 월간지의 요청으로 〈무소유와 풀소유〉라는 주제의 글을 쓴 적이 있다. 그때 소유욕으로부터 벗어나는 길이 보시에 있다고 지적하면서, 평생 나눔을 실천하다가 2015년 세상을 떠난 이인옥 할머니의 명언을 소개하였다.

"돈은 똥이다. 쌓이면 악취를 풍기지만, 흩어지면 땅을 비옥하게 한다."

생각할수록 마음에 와 닿는 내용이다. 할머니는 전 재산을 어려운 이들을 위해 기부하고 자신은 기초생활 수급자로 살았다. 그런데 매달 정부로부터 나오는 돈마저 저축해서 학생들을 위한 장학금으로 모두 내놓았다. 방거사의 열반송처럼 자신의 모든 것을 비우고 떠난 분이다. 할머니의 삶을 보면서 돈이란 것이 과연 무엇이며, 어떻게 써야 가치 있는지 많은 생각을 하게 되었다. 또한 1975년 평생 모은 30억 6000여만 원, 지금의 가치로 3000억이 넘는 거금을 기부하고 떠난 대원(大圓) 장경호(張敬浩, 1899~1975) 거사도 있다. 그는 동국제강의 창업자이자 대한불교진흥원의 설립자로서 오늘의 한국불교를 있게 한 주역이다. 모두 돈을 똥처럼 생각해서 자신이 가진 모든 것을 비우고 우리가 사는 이 땅을 비옥하게 만든 인물들이다.

무소유의 아이콘인 법정스님은 "무소유란 아무것도 갖지 않는 것이 아니라 불필요한 것을 갖지 않는다는 뜻이다."라고 하였다. 오래 전 이 말에 꽂혀 지금까지 20년 넘도록 세탁기 없이 손빨래를 고집하며 살고 있다. 세탁기가 필요 없어서가 아니라 조금은 불편하더라도 수행이라 여기면서 무소유를 실천할 수 있는 일이 없을까 고민하다 생각해낸 방법이다. 무거운 옷이나 이불을 빨 때면 세탁기에 대한 유혹이 밀려오기도 하지만, 아직까지 마음의 근육이 잘 견디고 있다. 방거사의 유훈을 보면서 다시 한 번 마음을 다잡아본다. 소유욕에 눈이 멀어 없는 것을 채우려 하지 않겠다고 말이다.

15. 단하천연(丹霞天然)

우상이란 무엇인가?

붓다를 우상화하지 말라

불교를 가리켜 우상을 숭배하는 종교라고 말하는 사람들이 있다. 그들은 '나 이외의 신을 섬기지 말라'는 계명을 근거로 불교의 대표적 상징물인 불상을 매우 부정적으로 바라본다. 이러한 시선은 단순히 생각에서 머무는 것이 아니라 불상을 훼손하거나 심지어 빨간 색으로 십자가를 그려 넣는 행위로 나타나기도 한다. 불상뿐만 아니라 국조(國祖)인 단군상을 파손하는 경우도 다반사다. 전국에 있는 불교 관련 유적지를 답사하다 보면, 불상의 목이 잘려나간 광경을 많이 볼 수 있다. 우상 타파라는 명분으로 자행되고 있는 이러한 만행의 근저에는 우상에 대한 무지, 혹은 왜곡된 인식이 자리하고 있다. 우리가 단하천연(丹霞天然, 739~824)을 주목하는 이유이기도 하다. 과연 우상이란 무엇이며, 이를 타파하기 위한 길

© 여민

은 어디에 있을까?

단하천연이 어디 출신이며 속성이 무엇인지에 대한 자세한 내용은 전하지 않는다. 앞선 방거사의 글에서 살펴본 것처럼, 그는 어려서부터 과거시험을 위해 유학을 공부한 인물이다. 그런데 방거사와 함께 과거를 보러 가던 중 '왜 부처 뽑는(選佛) 시험을 보지 않느냐?'는 한 승려의 질문을 받고 삶의 방향이 완전히 바뀌게 된다. 그의 발걸음이 과거 시험장이 아니라 선불장이 있는 마조도일을 향한 것이다. 그때 마조는 단하를 받아들이지 않고 당대의 눈뜬 선지식인 석두희천(石頭希遷, 700~790)에게 보내 공부하도록 한다. 석두를 찾아간 단하는 이곳에서 부처를 뽑느냐며 단도직입적으로 묻는다. 호방한 기운의 단하가 마음에 들었던지, 석두는 그를 제자로 받아들인다. 단하는 이곳에서 3년 동안 행자 생활을 하게 된다.

그러던 어느 날 석두는 대중들에게 불전(佛殿) 앞에 무성하게 자란 잡초를 뽑을 것이니 그 앞으로 모이라고 하였다. 다른 제자들은 풀을 베기 위해 낫과 호미를 들고 나왔는데, 단하는 물이 담긴 대야를 가지고 와서 무릎을 꿇고 있었다. 행자 생활을 하면서 공부가 어느 정도 익었으니, 이제는 머리를 깎아도 되지 않느냐는 뜻이다. 스승이 미소를 지으면서 제자의 머리를 모두 깎고 계(戒)를 내리려는 순간이었다. 갑자기 단하가 일어나더니 양쪽 귀를 막고 밖으로 나가버리는 것이었다. 사람들은 모두 이게 무슨 일인가 의아해했지만, 스승은 고개를 끄덕이면서 이렇게 말했다.

"저 녀석이 결국 부처 뽑는 시험에 합격했구나."

우리들 일상의 시선으로는 알 수 없지만, 스승과 제자 사이에 마음과 마음으로 전해지는(以心傳心) 그 무언가가 있지 않을까 싶다. 스승이 잡초를 뽑자고 했을 때, 단하는 그것이 마음에서 자라고 있는 삼독(三毒)이라는 것을 알아차리고 다른 이들과 달리 삭발 준비를 하고 나타났다. 석두 역시 제자의 마음을 읽고서 기쁜 마음으로 머리를 깎아주고 수계의식을 진행하려 했지만, 단하는 도중에 절 밖으로 뛰쳐나갔다. 아마 제자는 '이제 삼독의 잡초를 제거했으니, 스승님을 떠나도 될 것 같습니다'라고 생각한 것은 아니었을까.

석두를 떠난 단하는 다시 마조를 찾아 강서(江西)로 향한다. 그는 절에 도착하자마자 법당에 모셔진 보살상 목 위로 올라가 보란 듯이 앉아 있었다. 참으로 어처구니없는 행동이었다. 여기저기서 웅성거리는 소리가 들려왔다. 소식을 들은 마조가 법당으로 달려가니, 소란을 피운 사람은 다름 아닌 3년 전 부처 뽑는 시험을 보겠다며 찾아온 젊은이였다. 마조는 호탕한 웃음을 지으면서 이렇게 말한다.

"내 아들이 참으로 천연하구나(我子天然)."

단하는 곧장 아래로 내려와 예를 갖추고 절을 올렸다. 그리고 이렇게 법호(法號)를 내려주시어 감사하다는 인사를 드렸다. 이때부터 단하는 자연스럽게 '천연(天然)'이라는 이름으로 불리게 되었다. 마조에게서 인가를 받은 그는 전국을 돌아다니면서 미혹에 빠진 수많은 중생들을 천연스럽게 마음의 세계로 인도하였다. 그 가운데 목불(木佛)을 태워 사리를 얻으려 했다는 이야기는 지금까지도 많이 회자되고 있다.

그가 혜림사(慧林寺)라는 절에 묵고 있을 때의 일이다. 강추위에 모든 것이 꽁꽁 얼어붙은 어느 겨울이었다. 아무리 주위를 둘러봐도 땔감이 보이지 않자 천연은 법당에 모셔진 목불을 도끼로 쪼개서 군불을 지폈다. 사실을 알게 된 절의 주지는 화를 참지 못하고 붓다를 신앙하는 승려가 어떻게 이럴 수 있느냐며 큰소리를 쳤다. 이때 그는 "붓다를 다비해서 사리를 얻으려 했는데, 하나도 나오지 않는 것을 보니 진짜 붓다가 아닌 것 같다."고 천연스럽게 말하였다. 붓다를 우상화하지 말라는 생생한 가르침이다. 불교를 우상 숭배의 종교라고 비판할 때마다 회자되는 유명한 이야기다.

입적할 때가 다가오자 단하는 시자를 불러 이렇게 말한다.

"목욕을 할 테니, 따뜻한 물을 준비하거라. 내가 갈 곳이 있느니라."

그는 제자가 준비한 따뜻한 물로 깨끗이 목욕을 하고 새 옷으로 갈아입었다. 그리고 신을 신고 발을 내딛는 순간 열반에 들었다. 갑작스러운 스승의 입적에 제자들은 모두 깜짝 놀랐다. 하지만 스승은 갈 데가 있다고 분명히 말했다. 다만 제자들이 이를 알아듣지 못했으니, 이심전심이 안 되었던 것이다.

관념의 우상 씻어내기

단하가 불상을 태웠다(丹霞燒佛)는 이야기를 쓰면서 문득 영화 〈달마야 놀자〉의 한 장면이 떠올랐다. 이 영화는 세속을 상징하는 깡패들이 성스러운 절로 들어가면서 겪게 되는 이야기를 코믹하게 그린 작품이다. 이를 통해 성(聖)과 속(俗), 보리(菩提)와 번뇌(煩惱)가 둘이 아님을 보여주는 명작이다. 이 영화에는 깡패들이 법당을 청소하다가 불상의 귀를 떨어트리는 장면이 나온다. 그들이 절에 남아 있는 것을 못마땅하게 여기던 승려들은 이 사실을 스승에게 고한다. 그러자 스승은 귀가 떨어졌으면 다시 붙이면 되지 않느냐면서 이렇게 사자후를 외친다.

"법당의 불상이 부처님으로 보이든? 니들은 지금까지 나무토막을 섬겼어? 너희들 마음속에 부처가 들어 있거늘."

참으로 명장면이라는 생각이 든다. 불상은 우리 모두가 붓다라는 것을 보여주는 대표적인 상징물이다. 우리는 태어날 때부터 불성(佛性), 즉 붓다의 성품을 갖추고 있는 고귀한 존재다. 불교를 신앙하는 이들을 불자(佛子)라고 부르는 이유다. 아들과 딸은 아버지와 어머니의 DNA를 가지고 태어나기 때문에 닮을 수밖에 없다. 불상에는 부모의 가르침을 잘 받들어 열심히 수행하면, 우리 모두 깨친 붓다가 될 수 있다는 뜻이 담겨 있다. 불자들이 붓다께 귀의하고 불상에 예를 드리는 의미도 바로 여기에 있다. 한마디로 당신을 닮아서 중생의 삶을 청산하고 붓다로 살겠다는 거룩한 다짐인 것이다.

그런데 이러한 의미를 알지 못하고 절을 한다면 그것은 철이나 동, 나무에 예배를 드리는 것과 다르지 않다. 영화 속 대사처럼 나무토막을 섬기는 셈이다. 우상이란 바로 이런 것이다. 우상은 대상 자체가 아니라, 거기에 담긴 종교적 의미를 성찰하지 못하고 맹목적으로 집착하는 것이다. 따라서 우상인가, 아닌가는 물건이 아니라 내 마음에 달려 있다고 할 수 있다. 관념의 우상이 진짜 우상이라는 뜻이다. 이는 불교, 기독교 할 것 없이 모든 종교에 해당되는 일이다. 십자가나 불상을 성스러운 상징으로 의미 있게 활용할 것인가, 아니면 우상으로 만들 것인가는 결국 나에게 달린 문제다.

그렇다면 어떻게 해야 마음속 우상을 타파할 수 있을까? 단하가 마지막으로 남긴 유훈에서 단서를 찾을 수 있는데, 그것이 바로 목욕이다. 그는 갈 데가 있으니 따뜻한 물을 준비하라는 말을 남기고 고요 속으로 떠났다. 어찌 보면 단순할 수도 있는 이 말에는 종교적으로 중요한 의미가 담겨 있다. 목욕은 단순히 내 몸에 있는 때를 닦아내는 행위가 아니라 몸(身)과 입(口), 마음(意)으로 지었던 악업(惡業)을 소멸하는 수행으로써 의미를 가진다. 몸으로 행한 살생이나 도둑질, 입으로 지은 거짓말이나 욕설, 그리고 마음속에 있는 번뇌와 망상, 편견과 선입견 등을 깨끗이 씻어내는 일이다. 특히 종교적 상징물을 우상이라 여기는 지독한 편견과 불상이나 십자가를 우상으로 만들어버리는 어리석음을 정화하는 의식이 바로 목욕인 것이다.

붓다 당시에도 목욕에 대한 왜곡된 인식들이 많았다. 사람들은 갠지스 강에서 목욕을 하면 모든 죄업이 소멸되고 하늘에 태어난다고 믿었는데, 붓다는 이를 어리석은 행위라고 보았다. 그들의 믿음이 옳다면 소나 말이 목욕해도 좋은 곳에 태어날 테니 말이다. 이런 마음으로 그곳에서 목욕을 했으니, 강이 오염되지 않을 수 있겠는가. 붓다는 형식화된 목욕이 아니라 참 목욕에 대해 말하곤 하였다. 입으로 거짓말 하지 않고 몸으로 살생을 하지 않으며, 주지 않은 것을 얻으려 하지 않고 진리를 향해 굳은 믿음을 일으키는 일이 중요하다는 것이다. 마음속 때를 닦아내는 것이 참 목욕이라는 뜻이다. 우상에 대한 어리석은 생각, 왜곡된 의식을 벗겨내기 위해서도 참 목욕이 필요하다.

'기복불교', '귀신장사', 한국불교를 부정적으로 얘기할 때 주로 등장하는 단어들이다. 이런 소리를 들을 때마다 붓다의 아들(佛子)로서 자존심이 많이 상한다. 1980년대 들어 왜곡된 이미지를 타파하고 붓다의 가르침을 제대로 전하자는 취지에서 전국에 수많은 불교대학이 문을 열었다. 글쓴이 역시 아직까지 그 현장에서 나름

애쓰고 있지만, 아직 갈 길이 멀다는 생각이다. 붓다를 우상화하는 이들이 적지 않기 때문이다. 불상이 우상이라면 목불은 화로에, 철불은 용광로에 넣어버리면 되는 일이다. 단하의 일화에서 확인한 것처럼, 선불교는 우상 타파를 위해서라면 과격한 행동도 서슴지 않았다. 하지만 관념의 우상은 너무 단단해서 제거하기가 쉽지 않다. 그래서 참 목욕이 필요한 것이다. 오래 묵은 편견의 때를 잘 벗겨내기 위해서는 뜨거운 물에 몸과 마음을 충분히 불려야 한다. 목욕물을 데워 놓으라는 단하의 마지막 유훈이 오늘의 우리에게 주는 메시지도 여기에 있지 않을까.

16. 원효대사(元曉大師)

중생과 함께

회통(會通)의 대가

원효(元曉, 617~686) 하면 먼저 떠오르는 것이 해골에 담긴 물을 마시고 깨달음을 얻었다는 이야기다. 그래서 사람들에게 많이 회자되는 말이 일체유심조(一切唯心造), 즉 마음이 모든 것을 만들어낸다는 것이다. 널리 알려진 것처럼 원효는 전날 밤 시원하게 마셨던 물이 해골에 담긴 사실을 알고 구역질을 한다. 똑같은 물인데도 어제는 시원함을, 오늘은 구토를 느낀 것이다. 속된 말로 한다면 같은 대상을 두고 지랄을 했다는 뜻이다. 내 마음에 따라 대상을 이렇게도 저렇게도 만들어낸 셈이다.

원효의 이야기가 실감 있게 다가온 적이 있다. 오래 전 어느 여름 복날로 기억된다. 주위 사람들과 함께 복달임을 한다며 어느 음식점에 갔는데, 다른 이들은 보신탕을 시키고 나만 다른 음식을 주문했다. 어린 시절 어른들이 나무에 묶어놓고 개를 잡는 장면을 본 적이 있다. 특히 눈물을 흘리면서 나를 바라보던 그 눈망울을 지금도 잊을 수가 없다. 그 기억이 무의식에 남아 있어서 도저히 먹을 수 없었던 것이다. 그런데 순대 내장 비슷한 음식이 나오기에 서비스라 생각하고 먹어보았다. 무척 맛이 있었다. 이 모습을 본 일행들은 '개고기를 못 먹는다면서 잘도 먹네!' 하면서 웃는 것이었다. 개고기를 처음 먹게 된 순간이었다.

물론 그 음식이 개고기 수육이라는 사실을 알았더라면 결코 먹지 않았을 것이다. 원효 역시 아무리 목이 말랐더라도 해골에 담긴 물을 보았다면 마시지 않았을 것이다. 원효와 나 모두 그것이 무엇인지 몰랐기 때문에 먹을 수 있었던 것이다. 나는 순대 내장이라고 생각하고 먹었던 수육에서 수저를 내려놓았지만, 그 순간 마음 속 깊은 곳에 숨어있던 어린 시절의 기억이 떠올랐다. 그리고 이 음식을 향한 나의 편견이 어디에서 온 것인지 분명히 알 수 있었다. 그렇다고 이 음식을 즐긴 것은 아니지만, 나의 편견만은 버릴 수 있었다. 원효의 지적대로 "마음이 생기므로 모든 것이 생겼던 것이다(心生則種種法生)."

이처럼 같은 대상이나 사건을 마음에 따라 서로 다르게 바라보는 일은 일상에서도 흔하게 일어난다. 내 안에서도 이러한데, 다른 사람들로 확대하면 얼마나 많겠는가. 특히 오늘처럼 진영 논리에 빠져 모든 것을 해석하는 정치의 세계에서는 익숙한 현상이다. 이 과정에서 대립과 갈등은 어쩌면 피할 수 없는 일인지도 모르겠다.

원효 당시에도 종파 간의 갈등이 무척 심각했다. 그들의 쟁론(爭論)이 '강과 바다'를 이룰 정도였다. 세계를 바라보는 시선이 다르기 때문에 의견의 충돌이 없을 수는 없다. 하지만 자기만 옳다고 주장하면서 상대를 인정하지 않는 태도만은 지양해야 한다. 생각이 다르다고 '원수'가 될 필요는 없지 않는가. 원효는 '어떻게 하면 서로 소통할 수 있을까?' 하는 문제의식을 갖고 이를 위한 논리를 개발했는데, 그것이 바로 개합종요(開合宗要)다.

개인적으로 원효를 공부하면서 감탄했던 부분이다. 그는 이 논리를 통해 종파들 간의 대립과 갈등을 해소하고 높은 차원에서 소통할 수 있는 길을 열어놓았다. 원효는 불교 전체를 관통하는 핵심 키워드를 일심(一心)으로 파악하였다. 그러니까 붓다 가르침의 총체인 팔만대장경을 한 단어로 압축하면 일심이 되는 것이다. 그는 각 종파에서 중시하는 소의경전을 일심의 펼침(開)이며, 이것들을 다시 모으면(合) 일심으로 돌아간다고 하였다. 마찬가지로 화엄종이나 법상종과 같은 종파 또한 일심을 펼친(宗) 것이며, 다시 요약(要)하면 일심과 다르지 않다. 한마디로 일심에 즉(卽)한 개합종요의 원리인 것이다.

이 원리를 물과 얼음, 수증기에 비유하면 어렵지 않게 이해할 수 있다. 물은 필요에 따라 다양한 모습으로 펼칠(開) 수 있다. 여름날 시원한 아이스커피를 마시기 위해서는 물을 얼려야 하며, 따뜻한 차를 마시기 위해서는 끓여야 한다. 건조한 방안의 습도를 위해서는 수증기가 필요하다. 물과 얼음, 수증기는 모습이 다르지만 이것들을 모으면(合) 다시 물로 돌아간다. 그것이 가능한 이유는 모두가 H_2O라는 동일한 본질을 갖추고 있기 때문이다. 일심 또한 물과 같아서 사람들의 성향이나 필요에 따라 화엄이나 유식 등 다양하게 나타나므로 서로 다른 것을 인정해야 한다는 것이다. 그럴 때 비로소 소통이 가능하다는 것이 원효의 생각이었다. 그는 분명한 자기 철학과 논리를 갖춘 회통(會通)의 대가였다.

흔히 원효를 화쟁국사(和諍國師)라 부르는데, 이는 고려 숙종 때 내린 시호(諡號)다. 한국 회통불교의 전통을 확립한 인물과 어울리는 이름이다. 그가 특별히 남긴 열반송은 찾아볼 수 없다. 일연은 『삼국유사』에 그의 삶을 기록하면서 '원효불기(元曉不羈)', 즉 원효는 얽매이지 않은 삶을 살았다고 평가하였다. 서구식으로 말한다면 일종의 묘비명이라 생각해서 소개한다.

> "각승으로 처음 삼매의 축을 열고, 춤추는 호롱박 마침내 온 거리 바람에 걸렸네. 달 밝은 요석궁 봄날의 꿈은 지나가고, 문 닫힌 분황사 돌아보는 그림자 텅 비었네(角乘初開三昧軸 舞壺終掛萬街風 月明瑤石春眠去 門掩芬皇顧影空)."

중생을 향하여

원효를 이야기할 때마다 함께 등장하는 인물이 있다. 바로 요석공주(瑤石公主)와 둘 사이에서 태어난 아들 설총(薛聰)이다. 설총이라는 이름에서 드러나는 것처럼 원효의 속성은 설(薛) 씨며, 어릴 때 이름은 서당(誓幢)이다. 그는 불지촌(佛地村), 오늘날 경북 경산 군 자인면(慈仁面)에서 태어났다. 그의 어머니는 만삭의 몸으로 사 라나무를 지나다가 산기를 느껴 그 아래에서 원효를 낳았다고 전 한다. 어쩐지 석가모니 붓다의 탄생과 비슷하다는 느낌을 지울 수 없다. 태어난 곳도 붓다의 마을(佛地村)이 아니던가. 아마 원효가 붓 다처럼 위대한 삶을 살았기 때문에 이와 유사하게 그리지 않았을 까 싶다. 원효는 승속(僧俗)을 넘어선 위대한 인물이라는 긍정적인 평이 많지만, 그저 파계하고 환속한 속인에 불과하다는 부정적 평 가도 있다.

그렇다면 일연은 원효를 어떻게 평가했을까? 원효불기(元曉不羈) 라는 표현에서 드러나는 것처럼, 그는 원효가 승속에 얽매이지 않 는 무애(無碍)의 삶을 살았다고 보았다. 그러한 삶의 지향점은 언제 나 높은 곳이 아니라 헐벗고 가난한 대중들이 살고 있는 낮은 곳 이었다. '위로는 진리를 구하고(上求菩提) 아래로는 중생을 교화하 는(下化衆生)' 대승의 이상에 가장 잘 어울리는 인물이라 할 것이다. 그 모습이 '각승으로 처음 삼매의 축을 열고 춤추는 호롱박 마침 내 온 거리 바람에 걸렸네'라는 구절에 녹아 있다.

여기에서 각승(角乘)은 원효를 가리킨다. 그 유명한 『금강삼매경 론(金剛三昧經論)』을 지을 때 소의 두 뿔 위에 붓과 벼루를 올려놓 고 완성했다는 이야기에서 나온 말이다. 또는 두 뿔을 깨달음의 바탕인 본각(本覺)과 수행을 통해 드러내는 시각(始覺)으로 해석하기도 한다. 결국 원효가 깨친 진리의 세계를 보여주고 있는 것이다. 앞서 언급한 것처럼 원효는 해골물을 마시고 깨달음을 얻게 되는데, 이 사건을 계기로 그는 중국 유학을 포기하고 발길을 돌린다. 깨침을 향하는 삶에서 깨침을 실천하는 삶으로 일대 전환을 하게된 것이다. 신라로 돌아온 원효는 호롱박을 들고 춤을 추면서 중생들과 함께 하는 삶을 살았다. 자신이 깨친 진리를 고요한 산속에서 즐긴 것이 아니라 거리로 나와 대중과 함께 나누었던 것이다. 역사가 원효를 위대하게 평가하는 이유다.

법당 벽면에 많이 그려진 십우도(十牛圖)의 마지막 단계는 입전수수(入廛垂手)다. 선(禪)의 최고 경지가 시장에 들어가 사람들과 막걸리 한잔 나누는 일이라는 뜻이다. 그는 때로는 거지들과 함께 생활을 했으며, 술집 작부들의 애환을 들어주면서 아픔을 함께 나누었다. 불교에서 깨침을 중시하는 이유가 보살행에 있다는 것을 분명하게 보여주는 사례라 할 것이다. 중생을 향한 바람은 전쟁에서 남편을 잃고 홀로 된 요석공주에게도 닿았다. 이를 파계라 할지 몰라도, 그에게 승과 속의 구분은 더 이상 큰 의미가 없었다. 한 여성을 구제하는 데 걸림돌이 된다면, 자신이 걸친 옷마저도 거침없이 벗어던진 인물이 바로 원효였다. 공주와의 만남을 어느 봄날의 꿈이라 생각했던 이에게 시비를 건들 무슨 소용이 있겠는가.

원효가 세상을 떠나자 설총은 그 유해로 소상(塑像)을 만들어 분황사에 안치하고 죽을 때까지 공경하였다. 어느 날 설총이 분황사를 찾아 소상 옆에서 절을 올리자 소상이 설총을 향해 고개를 돌렸다는 이야기도 전한다. 설총은 어느 봄날의 꿈으로 원효와 맺어진 인연이다. 분황사를 찾은 일연의 눈에는 아들을 향한 원효의 그림자마저 공(空)한 모습으로 남아 있었다.

원효는 자신의 입장만을 고집하면 모두 그르고 일심으로 소통하면 옳다고 보았다. 당시뿐만 아니라 오늘에도 그 의미는 크게 다가온다. 지역적으로 동과 서, 정치적으로는 보수와 진보, 종교적으로 불교와 기독교, 생태적으로 인간과 자연 등 소통해야 할 대상이 너무도 많기 때문이다. 무엇보다 심각한 문제는 이러한 분열 때문에 치러야 할 사회, 경제적 비용이 너무 크다는 사실이다. 여러 분야에서 갈등과 대립을 일으키고 있는 오늘날 원효의 화쟁론을 시대에 맞게 재해석해야 할 이유가 분명해진 셈이다. 서로 다름을 인정하고 상대방의 가치를 존중하는 소통철학에는 공멸을 공생으로 바꾸는 힘이 있다. 그가 일심으로 돌아가라(還歸一心)고 강조한 이유는 다른 데 있는 것이 아니다. 그것이 곧 모든 중생을 위한(利益衆生) 길이기 때문이다. 그 명제는 오늘에도 여전히 유효하다.

17. 부설거사(浮雪居士)

마음 부처를 보라

거사의 길

우리나라에는 뚜렷한 근거는 없지만 원효와 의상이 창건했다고 전해지는 도량이 매우 많다. 그 많은 사찰을 어떻게 지었을까 하는 의문이 드는 것도 사실이다. 사실 여부를 떠나 거기에는 원효, 의상과 그 도량의 인연을 강조하고 싶은 마음이 담겨 있다. 한국불교에서 두 사람이 차지하는 영향력이 그만큼 크다는 것을 알 수 있는 대목이다. 한마디로 위대한 삶을 살았다는 방증이기도 하다. 신라 당시 원효, 의상에 가려 잘 드러나지 않았지만, 한국불교를 빛낸 뛰어난 인물들이 많다. 이번에 소개할 부설거사(浮雪居士, 생몰미상) 또한 우리의 불교사에서 그냥 지나칠 수 없는 인물이다. 그 이유는 어디에 있을까? 그 흔적을 찾아 시계를 거꾸로 돌려 신라 당시로 마음 여행을 떠나보자.

중국에 방거사가 있다면, 우리나라를 대표하는 거사로 부설을 들 수 있다. 부설은 신라 선덕여왕 때 경주에서 태어났으며, 속명은 진광세(陳光世), 자는 의상(宜祥)이다. 그는 전생에 불교와 인연이 깊었는지 어릴 때부터 흙으로 탑을 만들어 절을 올렸으며, 노을을 바라보면서 선정에 들기도 하였다. 작은 곤충이 죽는 모습을 보면 슬퍼하였고 수행자를 만나면 기쁜 마음으로 합장을 하였다. 이런 인연이 쌓여 그는 불국사에서 출가하게 되는데, 그곳에서 부설이라는 법명을 받고 원정(圓淨)의 제자가 된다. 부설이 지금까지 거사라고 불리고 있는 이유는 그가 환속해서 재가자의 삶을 살았기 때문이다. 수행을 잘 하고 있던 승려가 세속으로 돌아온 사연이 우리의 흥미를 끈다. 총망 받던 수행자가 환속한 이유는 어디에 있을까?

부설은 출가 후 깨달음을 얻기 위해 도반인 영조(靈照), 영희(靈凞)와 함께 지리산(智異山)과 천관산(天冠山), 능가산(楞伽山) 등지에서 열심히 정진하였다. 어느 날 그는 문수도량으로 유명한 오대산(五臺山) 상원사(上院寺)로 향하던 중 전북 김제에서 하룻밤을 머물게 되었다. 당시 구무원(仇無冤)이라는 불자의 집이었는데, 그에게는 묘화(妙花)라는 딸이 하나 있었다. 그녀는 날 때부터 말을 못하는 장애를 지니고 있었다. 그런데 부설의 법문을 듣더니 갑자기 말문이 터지기 시작하였다. 그녀는 말문을 열어준 부설을 사랑하지만, 수행자는 이를 받아들일 수 없었다. 상심한 여인은 급기야 자살을 시도하게 된다. 사정이 여기에 이르자 부설은 묘화와의 만남이 인연이라 생각하고 결혼을 한다. 한 여인을 위해 승복을 벗고

거사의 삶을 살게 된 것이다.

부설은 부인과의 사이에서 아들 등운(登雲)과 딸 월명(月明)을 낳게 된다. 그런데 깨침을 향한 열망과 수행자로서 살아온 업(業)이 그를 가만 놔두지 않았던 것 같다. 그는 별도의 토굴을 마련해서 정진을 하게 되는데, 그곳이 지금의 김제시 진봉면에 자리한 망해사(望海寺)다. 서해의 아름다운 낙조로 유명한 곳이다. 노을을 바라보면서 그는 열심히 정진한 끝에 한 소식을 얻게 된다. 이때의 마음을 담은 깨침의 노래가 지금까지 전해지고 있는데, 그 일부를 소개한다.

"고요 속에 피는 고운 꽃 한가로이 바라보고, 창 밖에 지저귀는 새소리 무심히 듣는다. 곧바로 여래의 땅에 들 수 있거늘, 구구하게 오래 닦아 무엇하겠는가(閑看靜中花艷艷 任聆窓外鳥喃喃 能令直入如來地 何用區區久歷參)."

한가로운 무심도인(無心道人)의 삶이 느껴지는 시다. 부설은 승복을 벗고 세속의 삶을 살았지만, 오랜 수행으로 인해 도력은 매우 높았던 것 같다. 이를 보여주는 흥미로운 일화가 전한다. 출가 시절 도반이었던 영희와 영조는 부설이 어떻게 살고 있는지 궁금해서 찾아온다. 이때 세 사람은 그동안 수행이 얼마나 깊어졌는지 시험하게 된다. 그 시험은 물병을 매달아 놓고 방망이로 때리는데, 물병만 깨지고 물은 공중에 그대로 떠있도록 하는 것이었다. 영희와 영조가 병을 깨트리자 물이 사방으로 흩어졌지만, 부설이 물병을 쳤을 때는 병만 깨졌을 뿐 물은 본래의 모습 그 상태로 있었다. 이를 지켜본 두 도반은 깜짝 놀라 이게 어찌된 일이냐고 물었다. 부설은 이렇게 대답한다.

"이 몸은 병이고 마음은 물이다."

몸은 생겼다가 언젠가는 소멸하지만, 마음은 본래 나지도 멸하지도 않는다는 불생불멸(不生不滅)의 진리를 눈앞에서 보여준 셈이다. 영희와 영조는 비록 승려지만 부설에게 삼배를 올리고 존경의 뜻을 전한다. 이때 부설은 다음과 같은 열반의 노래를 남기고 고요 속으로 떠난다.

"눈으로 보아도 본 바가 없으니 분별이 없고, 귀로 들어도 소리가 없으니 시비가 끊어지네. 시비와 분별 모두 내려놓고 오직 마음 부처를 보며 자신에게 귀의할 뿐이네(目無所見無分別 耳聽無音絶是非 是非分別都放下 但看心佛自歸依)."

참다운 귀의

부설이 입적하자 영희와 영조는 그의 사리를 변산 묘적봉(妙寂峰) 남쪽에 안치하였다. 변산은 여름철이면 해수욕을 즐기는 피서

객들로 붐비는 서해안의 명소다. 영화 〈변산〉에서 "내 고향은 폐항. 내 고향은 가난해서 보여줄 건 노을밖에 없네."라는 멋진 시가 등장하는 곳이기도 하다. 이 지역에는 월명암(月明庵)이라는 유명한 도량이 있는데, 부설의 딸인 월명의 이름을 따서 지은 절이다.

부설은 영남에서 태어나 출가를 했으며 호남에서 한 소식을 얻고 입적한 인물이다. 아직까지 지역 갈등의 멍에에서 벗어나지 못하고 있는 오늘날 부설이 동서 간의 화합과 소통을 상징하는 아이콘으로 자리매김 했으면 하는 바람이다.

그의 열반송에는 이러한 꿈을 이룰 수 있는 길이 제시되어 있다. 그것이 무엇일까? 바로 참다운 귀의(歸依)를 하는 것이다. 지역 갈등 해소와 귀의가 무슨 관계가 있냐고 질문할지 모르겠지만, 불교적 관점에서 보면 연관이 깊다. 부설은 이승을 떠나면서 눈과 귀로 보거나 들은 것이 없으면 시비와 분별에서 벗어날 수 있다고 하였다. 여기에서 말한 '눈(目)'과 '귀(耳)'가 무엇이겠는가? 바로 보고 싶은 것만 보고 듣고 싶은 것만 듣는 편견과 선입견이다. 이것에 집착하는 한 시비와 분별에서 벗어날 수 없다. 눈과 귀를 텅 비울 때 아무런 편견 없이 사물을 '있는 그대로' 볼 수 있는 것이다.

육조혜능 편에서 살펴본 것처럼, 스승인 홍인은 제자가 찾아오자 어떻게 감히 남쪽 오랑캐가 부처가 될 수 있느냐는 질문을 던진다. 시비와 분별이 가득한 질문을 통해 혜능이 어떤 물건인지 가늠하고 싶었던 것이다. 그때 혜능은 이렇게 대답한다.

"사람에게는 남과 북이 있지만, 불성에도 남과 북이 있습니까?"

음미하면 음미할수록 참으로 멋지면서도 오늘의 우리에게 절실한 질문이라는 생각이다. 아직까지 동과 서, 남과 북의 갈등에서 벗어나지 못하고 있으니 말이다. 그 과정에서 편견과 선입견은 더욱 굳어지게 되었다. 부끄러운 우리들의 자화상이다. 부설이 지적하는 것처럼 이를 모두 놓아버려야(放下) 한다. 이를 위해서는 마음 부처(心佛)를 보고 스스로에게 귀의할 줄 알아야 한다. 그곳에는 본래 동과 서, 남과 북이라는 분별 자체가 없기 때문이다. 마음 부처란 편견과 선입견, 시비와 분별이 텅 빈 바탕을 가리킨다. 이러한 불성의 자리에 돌아가는 것이 다름 아닌 스스로에게 귀의하는(自歸依) 일이다.

불법승 삼보에 귀의하는 일은 불자의 생명이라 할 만큼 중요한 의미를 가진다. 귀의(歸依)란 범어인 '나마스(namas)'를 번역한 말인데, 목숨 걸고 돌아간다(歸命)는 뜻이다. '나무아미타불' 하고 염불할 때 '나무(南無)'가 바로 나마스를 음역한 것이다. 삼보는 붓다(佛)와 가르침(法), 승가(僧)를 가리킨다. 이 세 가지를 각자 별도로 보는 것을 별상삼보(別相三寶)라 한다. 이와 달리 삼보를 일심(一心)으로 해석하기도 한다. 삼보가 마음 밖에 따로 존재하는 것이 아니라 본래부터 갖추고 있는 일심이라는 뜻이다. 이를 일심삼보(一心三寶)라 한다. 이렇게 보면 삼귀의는 일심으로 돌아가겠다는 굳건한 다짐이 된다. 열반송에 등장하는 마음 부처가 바로 일심이다. 마음 부처에 돌아가는 것이 곧 스스로에게 귀의하는 길이다. 이것이 참다운 귀의이며, 붓다의 마지막 유훈인 자등명(自燈明)을 받드는 일이다. 이처럼 마음 부처에 귀의하면 현실에서도 동과 서, 남과 북이라는 분별과 시비로부터 벗어나 불자다운 삶을 살 수 있다는 것이 부설거사가 우리에게 전해주는 메시지다.

개인적으로 거진이진(居塵離塵), 즉 티끌 같은 세속에 살면서도 세속을 떠난다는 말을 좋아한다. 원나라 때 선사인 몽산덕이(蒙山德異, 1231~1308)는 이것이 바로 참다운 선(禪)이라고 강조하였다. 부설은 티끌 속에 몸을 맡겼지만, 그 누구보다 청정한 마음으로 살다 간 인물이다. 그렇기 때문에 그 어떤 시비나 분별로부터 벗어나 마음 부처를 끝까지 간직할 수 있었다. 그가 몸담고 있던 세속은 병이고 마음 부처는 물이었다. 세속은 온갖 분별 속에서 나기도 멸하기도 하지만, 마음 부처는 그대로일 뿐이다. 부설이 휘두른 방망이에 병은 깨져서 사방으로 흩어졌더라도 물은 본래의 모습을 유지하고 있었던 이유다.

오늘의 우리는 병뿐만 아니라 물 또한 여기저기 흘리면서 살아가고 있다. 불자(佛子)라는 이름으로 불리면서 지역 감정에 매몰되어 있다면, 붓다의 딸과 아들이 아니다. 분별하는 마음으로 삼보에 귀의한다고 말한들 무슨 소용이겠는가. 부설이 지적한 참다운 귀의가 되도록 해야 한다. 그것이 곧 석가모니 붓다와 부설거사의 뜻을 잇는 길이 될 것이다. 나는 그렇게 믿는다.

18. 낭혜무염(朗慧無染)

정진, 또 정진

동방의 대보살

몇 해 전 『아홉 개의 산문이 열리다』라는 책을 출간한 적이 있다. 신라 말 중국에서 들어온 선불교에 관한 이야기다. 흔히 구산선문(九山禪門)이라 불리는 사찰을 답사하고 내가 느낀 선사들의 인문정신을 전하고자 하였다. 감사하게도 이 책은 그해 불교출판문화상 대상을 수상했는데, 당시 몇몇 프로그램에 출연하여 책을 소개할 기회를 가졌다. 진행자가 아홉 개의 산문을 연 선사들 가운데 가장 인상적인 인물이 누구냐고 물었을 때, 조금의 망설임도 없이 성주산문(聖住山門)을 개창한 낭혜무염(朗慧無染, 800~888)이라고 대답하였다. 우리나라에 선불교를 전한 유명한 선사들도 많지만, 그를 공부하면서 마음을 많이 빼앗긴 것이다. 도대체 그의 어떤 점에 매료되었을까?

무염은 태종무열왕(太宗武烈王) 김춘추(金春秋, 604~661)의 8대 손으로 알려진 인물이다. 그러니까 당시로서는 진골, 오늘날로 보면 금수저로 태어난 셈이다. 그런데 그의 아버지인 김범청(金範淸)에 이르러 집안이 6두품으로 강등된다. 여기에는 822년 일어난 김헌창(金憲昌, ?~822)의 난에 연루되어 강등되었다는 설과 새로운 진골 집단이 편성되면서 방계였던 그의 가문이 자연스럽게 강등되었다는 주장 등이 있다. 그는 어린 시절부터 출사의 꿈을 안고 유학을 열심히 공부했지만 이내 포기하고 만다. 아무리 노력해도 신분의 한계를 넘을 수 없다고 판단했기 때문이다. 당시 진골들이 많아지면서 그들에게 돌아갈 관직이 부족한 마당에 6두품의 신분으로 높은 벼슬을 얻을 수는 없었던 것이다. 일찍부터 골품계의 부조리를 느낀 무염은 새로운 길, 출가사문의 길을 택한다. 그의 나이 열세 살 때의 일이다.

그는 설악산 오색석사(五色石寺)에서 머리를 깎고 법성선사(法性禪師)에게 북종선(北宗禪)의 소의경전인 『능가경(楞伽經)』을 공부한다. 법성은 중국에서 유학을 마치고 돌아온 엘리트 선사였다. 하지만 이곳에서의 공부가 그리 만족스럽지 않았던 것 같다. 그는 영주 부석사로 몸을 옮겨 화엄과 선(禪)을 함께 공부한다. 부석사에서도 공부의 성과를 얻지 못하자 그는 마침내 중국 유학을 결심한다. '조그만 구멍에 담긴 물에서는 잔을 띄울 수 없다는 것'을 깨닫고 더 넓은 바다로 나아간 것이다.

중국에서 무염은 마조도일의 제자인 여만(如滿)과 마곡보철(麻谷

普澈)로부터 법을 이어받는다. 특히 그는 마곡을 자신의 부모님처럼 정성껏 모신 것으로 널리 회자되었다. 이를 지켜본 사람들은 무염을 남북조시대의 유검루(庾黔婁)에 비유하곤 하였다. 유검루는 아버지의 변을 직접 맛보면서 병세를 살필 정도로 효성이 지극했다고 알려진 인물이다. 스승을 어떤 마음으로 모셨는지 알 수 있는 대목이다.

마곡이 입적한 이후 그의 행적은 더욱 빛을 발한다. 무염은 여러 지역을 다니면서 부모 잃은 고아를 비롯하여 가난한 사람들을 위한 자비행을 실천하였다. 역사는 그가 마치 종이 임금을 받드는 것처럼 이웃들을 보살폈다고 전한다. 그의 보살행을 지켜본 이들은 무염을 칭송하면서 '동방의 대보살'이라고 불렀다.

무염은 20여 년의 유학 생활을 마치고 귀국하여 충남 보령에 성주산문을 활짝 열었다. 원래 이 절의 이름은 오합사(烏合寺)였는데, 문성왕(文聖王)이 산문을 열었다는 소식을 듣고 성주사(聖住寺)라는 이름을 내려주었다. 글자 그대로 이곳은 무염이라는 성인(聖)이 머무는(住) 도량이었다. 수많은 이들이 성인이 사는 성주사로 몰려들었다. 그의 명성은 날로 높아갔지만, 항상 스스로를 낮추면서 대중들과 똑같이 생활하였다. 공양과 빨래는 물론 땔감을 준비하고 물을 길어 나르는 일까지 모두 직접 실천했던 것이다. 이러한 모습을 보고 어느 날 제자가 왜 그렇게까지 하는지 물은 적이 있다.

"산이 나 때문에 더럽혀졌는데, 어찌 몸을 편안히 할 수 있겠는가(山爲我爲塵 安我得安身)."

음미할수록 깊은 울림을 주는 대답이다. 특히 인간의 편리와 문명이라는 이름으로 자행된 무분별한 개발은 산과 강, 바다 할 것 없이 지구 전체를 오염시켰다. 어디 그뿐이던가. 석유와 석탄, 가스 등을 비롯한 화석연료의 사용으로 기온이 상승하면서 생태계는 돌이킬 수 없는 상처를 입고 말았다. 이미 임계점을 넘었다는 비관적인 전망이 나올 정도로 기후 변화는 지구의 파멸을 가져올 수 있는 심각한 문제다. 이런 상황에서 나 때문에 산이 더럽혀졌다는 무염의 성찰은 오늘의 우리에게 새로운 의미로 다가온다.

그를 공부하면서 인상 깊게 느낀 부분이 있다. 당시 국가로부터 버림받은 민초들은 힘겨운 삶을 이어가다가 산속으로 들어가 도적이 되기도 하였다. 그들이 어느 날 성주사에 몰려와 약탈을 자행하였다. 하지만 무염은 그들을 모두 넓은 품으로 받아주고 제자로 삼았다. 그런데 무염에게 감화를 받아 출가를 한 도적들 가운데 열심히 수행해서 깨달음을 얻은 승려가 무려 백여 명에 이르렀다고 한다. 참으로 놀라운 일이다. 그에게는 산적마저 진리의 길로 이끄는 대보살의 에너지가 있었던 것이다.

이러한 활동으로 그의 명성은 나라 전체에 알려지게 된다. 심지어 선비들 사이에서는 무염을 모르는 것을 일생의 수치로 여길 정도였다. 그는 성주사에서 보살행을 실천하다 제자들에게 다음과 같은 유훈을 남기고 입적한다.

"공부하기를 한결같이 하며, (수행하는 마음을) 잘 지키고 잃지
말라. 예전의 관리들도 오히려 이와 같았으니, 지금 선을 수행
하는 이들은 마땅히 힘써야 한다(講若畵一守而勿失 古之吏尚如是
今之禪宜勉旃)."

이랴, 이랴

대개 위대한 업적을 남긴 선사들이 열반에 들면 왕의 허락을 받
아 비문을 짓고 부도와 탑비를 세운다. 하지만 무염의 비는 그가
살아있을 때 세워진다. 이런 사례는 그가 유일하다. 이뿐만 아니라
경문왕(景文王)과 헌강왕(憲康王) 두 대에 걸쳐 국사로 책봉되는데,
이 또한 매우 보기 드문 일이다. 무염이라는 인물이 어떤 품격(品
格)과 영향력을 갖추었는지 헤아릴 수 있는 대목이다. 그가 궁에
들어가면 임금이 직접 향을 올리고 제자의 예를 갖춰 삼배를 올렸
다고 하는데, 그럴만한 이유가 있었던 셈이다.

최치원(崔致遠)이 쓴 비문에 의하면 무염이 말년에 이르러 허리
가 많이 아팠다고 한다. 선사를 존경했던 진성왕(眞聖王)은 국의(國
醫)를 보내 병환을 살피도록 하는데, 그는 엷은 미소를 지으면서 노
병(老病)일 뿐이니 번거롭게 치료할 것 없다고 돌려보낸다. 무염은
자신의 입적을 예감한 듯 제자에게 "내 나이 이미 80(中壽)이 넘었
으니, 죽음(大期)을 피하기 어렵구나. 나는 멀리 떠날 것이니 너희들
은 잘 지내라."고 말한다. 그리고 앞서 언급한 것처럼 제자들에게

열심히 정진하라는 유훈을 남기고 고요 속으로 떠난다. 문득 붓다가 열반에 들 때의 장면이 떠올랐다. 붓다 역시 모든 것은 무상(無常)하니, 게으르지 말고 부지런히 정진하라는 유훈을 남기고 열반에 들었던 것이다.

실제 무염은 평생을 수행과 보살행으로 일관한 인물이다. 선은 관념이 아니라 일상에서 실천되어야 의미가 있다는 것을 보여준 것이다. 그는 마음공부를 위해 찾아온 사람은 귀족이건 농민이건 신분을 가리지 않고 차별 없이 모두 받아들였다. 마음을 깨치는 데 있어서 그가 어떤 출신인가는 중요하지 않기 때문이다. 오직 진리를 향한 마음을 내고 이를 깨치기 위한 정진이 중요할 뿐이다.

그리고 무염은 성주사를 찾아오는 이들에게 자신이 깨친 진리를 아낌없이 모두 개방하였다. 당시 불교는 왕족이나 귀족 등 돈과 권력을 가진 이들만 누릴 수 있는 고급문화였다. 그들이 독점한 정신문화를 무염은 모두에게 개방했던 것이다. 도적들이 무염을 만나 개과천선하고 열심히 수행해서 깨침에 이를 수 있었던 이유도 여기에서 찾을 수 있다. 바라문들이 독점한 인도의 정신문화를 일반 대중에게 널리 알린 붓다의 정신이 신라 땅에서 구현되고 있었던 것이다. 차별 없는 평등성과 모두에게 열린 개방성은 선불교가 대중들에게 사랑을 받는 중요한 요인이다.

무염이 활동했던 당시 선불교가 들어오면서 기득권을 유지하고 있던 교종(敎宗)과의 갈등이 표출되기 시작하였다. 그는 비록 선사였지만, 선종과 교종이 서로 자신의 견해만 옳다고 논쟁하는 것을 매우 경계하였다. 중요한 것은 논쟁이 아니라 붓다의 가르침을 믿고 정진하는 데 있기 때문이다. 비문에는 이렇게 전하고 있다.

"교종과 선종이 같지 않다고 말하는 사람도 있지만, 나는 다르다는 종지(宗旨)를 보지 못하였다. 쓸데없이 말이 많은 것일 뿐 나는 알지 못한다. 나와 같다고 해서 옳은 것이 아니며, 나와 다르다고 해서 그른 것이 아니다."

무염은 선(禪)을 수행하면서도 교학의 역할과 가치를 인정한 인물이다. 그는 교학을 부싯돌에 비유하곤 하였다. 교학이 필요 없다고 주장하는 것은 마치 부싯돌 없이 불을 피우는 것처럼 어리석은 일이라는 것이다. 불을 모두 피우고 나면 부싯돌은 없어도 되지만, 불을 피우기 위해서는 반드시 부싯돌이 필요하다. 이와 마찬가지로 선의 세계, 마음의 세계로 들어가기 위해서는 교학이 반드시 필요하다고 그는 보았다. 선과 교가 만나서(會) 하나로 통(通)하는 회통(會通)적 모습을 볼 수 있는 대목이다.

개인적으로 불교에 입문하여 존경하는 스승님께 받은 법명이 '일야(一也)'다. 하나라는 의미도 있지만, 소리 나는 대로 발음하면 '이랴, 이랴'가 된다. 소나 말이 움직이지 않을 때 내는 소리다. 그러니까 부지런히 정진하라는 의미가 담겨 있는 셈이다. 이름이 너무 마음에 들어 신문이나 잡지에 글을 쓰거나 책을 출간할 때 필명으로 사용하고 있다. 스스로 나태해졌다고 느낄 때마다 법명을 떠올리면서 마음을 다잡기도 한다. 평생 정진하는 삶을 살았던 동방의 대보살 낭혜무염을 생각하면서 마음속 소를 향해 또 다시 채찍을 들어본다.

"이랴, 이랴!"

19. 도선국사(道詵國師)

인연은 진리다

풍수인가, 선인가?

언젠가 한 학인으로부터 이런 질문을 받은 적이 있다. 시골에 땅을 구입해서 전원주택을 지었는데, 근처에 무덤이 있어서 마음이 찜찜하다는 것이었다. 그러니 어떻게 하면 좋겠냐는 질문이었다. 나는 주변에 무덤이 있기 때문에 오히려 삶과 죽음을 성찰하는 좋은 기회로 삼으면 좋지 않겠냐고 말해주었다. 이 답변이 마음에 들었는지, 그 학인의 입가에 엷은 미소가 일었다. 요즘은 집을 매매할 때도 주변에 무덤이 있으면 혐오시설이라 해서 꺼리곤 한다. 그런데 그곳이 풍수적으로 명당이기 때문에 무덤을 썼을 것이라 생각하면, 오히려 좋아해도 되지 않을까 싶다.

이런 이야기를 하는 이유는 풍수 하면 먼저 떠오르는 선각국사(先覺國師) 도선(道詵, 827~898)이 오늘의 주제이기 때문이다. 고려를

166

건국한 왕건을 이야기할 때마다 빠지지 않고 등장하는 인물이다. 왕건이 후삼국을 통일할 것이라고 도선이 예언했다는 것은 널리 알려져 있다. 그는 영암(靈岩) 출신으로 속성은 김(金) 씨다. 비문에는 도선이 태종무열왕(太宗武烈王)의 서손(庶孫)이라는 설도 있다고 전한다. 어머니가 광채 나는 구슬(明珠)을 삼키는 꿈을 꾸고 낳았다고 한다. 그는 20세에 월유산(月遊山) 화엄사(華嚴寺)에서 출가하고 경전을 공부하는데, 1년도 지나지 않아 경전의 대의(大義)를 통달하여 주위를 놀라게 한다. 하지만 그는 진리가 언어, 문자에 있지 않음을 깨닫고 선종(禪宗)으로 몸을 옮기게 된다.

흔히 도선을 풍수의 대가로만 기억하는데, 실상 그는 한국 선불교의 역사에서 한 획을 그은 선사(禪師)이기도 하다. 그가 활동했던 신라 말은 중국으로부터 선불교가 들어오기 시작하던 시기다. 그는 구산선문(九山禪門) 가운데 동리산문(桐裏山門)을 개창한 적인혜철(寂忍惠哲, 785~861)의 가르침을 받고 깨침에 이른 인물이다. 동리산문의 중심 사찰은 전남 곡성에 자리한 태안사(泰安寺)다. 이곳은 6·25전쟁으로 폐허가 되었다가 염불선(念佛禪)으로 유명한 청화선사(淸華禪師, 1924~2003)의 지극한 발원에 의해 지금처럼 아름다운 모습으로 재탄생한 도량이다.

혜철은 중국으로 건너가 마조도일의 제자인 서당지장(西堂智藏, 735~814)으로부터 인가를 받고 돌아온 인물이다. 이러한 사실을 알고 도선이 혜철을 찾아가 가르침을 청하고 제자가 된 것이다. 『동리산기실(桐裏山紀實)』에는 "옥룡사 도선이 상수(上首)가 되어 혜철의 발우를 전해 받았다(傳鉢)."고 나온다. 기실(紀實)이란 사실 그대로 기록했다는 뜻이다. 그렇다면 도선은 전법의 징표로 발우를 전수받고 혜철의 뒤를 이어 동리산문 2조의 위치에 오른 것이 된다. 동리산문뿐만 아니라 한국 선불교의 역사에서 도선을 간과해서는 안 되는 이유다.

그럼에도 불구하고 도선은 선불교보다는 풍수의 영역에서 훨씬 많은 주목을 받아왔다. 그는 풍수지리와 비보(裨補), 도참 등이 중심이 된 옥룡사파(玉龍寺派)를 개창한 인물이다. 비보란 풍수적으로 다른 지형에 비해 부족하거나 약한 부분을 보충한다는 뜻이다. 마치 사람의 몸에 병이 생기면 뜸이나 침을 놓아 치료하는 것처럼, 풍수적으로 기운이 약한 지형에 절이나 탑 등을 세워 보완하는 것이다. 비보는 도선 풍수사상의 핵심적인 부분이며, 실제로 그는 전국의 중요한 자리에 사찰이나 탑을 많이 건립하여 이 땅을 불국토로 장엄하고자 하였다.

이처럼 도선을 풍수라는 관점에서 이해하는 것이 일반적이다. 그런 영향 때문인지 몰라도 도선이 동리산문과는 전혀 관계가 없다는 주장도 있다. 심지어 그가 실존인물인지 의심하는 경우도 있다. 몇 해 전 구산선문 관련 사찰을 답사하면서 느낀 점은 도선이 동리산문에서 별로 대접 받지 못한다는 것이었다. 태안사를 소개하는 표지판에는 '풍수지리설의 원조인 도선 국사도 태안사에 잠깐 머물러 혜철에게서 가르침을 받았고' 정도로만 되어 있다. 앞서 언급한 것처럼 그가 풍수, 비보 중심의 옥룡사파를 대표하는 인물

이라는 점이 영향을 받은 것 같다.

　도선은 풍수 전문가로서 부족한 우리의 산하를 비옥하게 가꾸었을 뿐만 아니라 선사로서 수많은 납자들을 깨침의 길로 인도하였다. 그는 옥룡사에서 제자들을 가르치다 72세가 되던 어느 날 대중들을 불러놓고 자신이 곧 입적할 것이라고 말한다. 그리고 다음과 같은 열반의 노래를 남기고 가부좌한 채 고요 속으로 떠났다.

　　"인연 타고 왔다가 인연이 다하면 가는 것이 당연한 진리인데,
　　어찌 슬프고 아파하는가(乘緣以來 緣盡則去 理之常也 何足悲傷)."

인연을 가꾸는 길

　도선이 입적하자 제자들은 옥룡사 북쪽 기슭에 탑을 세웠는데, 당시 효공왕(孝恭王)은 '요공선사(了空禪師)'라는 시호와 함께 '증성혜등탑(證聖慧燈塔)'이라는 탑호를 내렸다. 그 후 고려에 이르러 현종(顯宗)은 대선사(大禪師), 숙종(肅宗)은 왕사(王師), 인종(仁宗)은 선각국사(先覺國師)라는 시호를 내렸다. 우리가 흔히 도선국사라 부르지만, 도선은 그가 출가하고 받은 법명이다.

　도선은 이 세상을 떠나면서 인연 따라 오고 가는 것이 당연한 이치이니 슬퍼하지 말라는 유훈을 남겼다. 참으로 단순하면서도 담백한 열반송이다. 여기에는 불교뿐만 아니라 '인간이란 무엇이며, 어떻게 살 것인가?' 하는 인문학의 근본 물음에 대한 답이 압

축되어 있다. '삶과 죽음이 무엇인가?'라는 물음에 대해 모두가 만족하는 100% 완벽한 정답은 없을 것이다. 하지만 생사의 문제를 성찰하는 삶과 그렇지 않은 삶은 질적으로 같을 수 없다. 삶과 죽음을 진지하게 생각하면 적어도 어떻게 살 것인가에 대한 자신만의 답을 찾을 수 있기 때문이다. 그것을 우리는 인생관, 혹은 자기 철학이라 부른다. 그렇게 찾은 자신만의 대답을 중심으로 삶을 가꾸고 거기에 나름의 의미를 부여하는 것이 인간으로 살아가는 길이다. 우리가 불교를 비롯한 종교와 철학을 공부하는 이유이기도 하다.

도선의 열반송을 접하면서 문득 몇 해 전의 일이 떠올랐다. 수업을 시작하기 전에 어느 학인이 세상을 떠난 아들 이야기를 하면서 눈물을 보이는 것이었다. 시간이 많이 흘렀는데도 가끔 생각이 날 때면 눈물을 짓는다고 한다. 얼마 전 택시를 타고 기사와 대화를 나누는 과정에서 자식이 몇 명이냐는 질문을 받았다고 한다. 평소에는 1남 3녀라는 대답이 자연스럽게 나왔는데, 이제는 3녀라고 말해야 한다는 생각에 울컥 하더라는 것이었다. 수업을 진행할 수 없었다. 도를 깨친 성인이라면 몰라도 자식의 죽음 앞에서 냉정할 수 있는 중생은 없다. 죽음이라는 냉엄한 자기 현실 앞에 그 어떤 철학과 종교가 위로가 될 수 있겠는가. 위로는 한참 뒤의 일이다. 지금 우리가 할 수 있는 것은 함께 아파하는 일 이외에 별로 없다. 그래서 책을 덮고 함께 아픔을 나누면서 삶과 죽음을 성찰하는 시간으로 수업을 대신하였다.

도선과 같은 선지식은 인연 따라 왔다 가는 것이 삶이라는 것을 확연히 깨쳤기 때문에 죽음 앞에서도 초연할 수 있었다. 하지만 깨치지 못한 중생들이 이렇게 생각하고 실천하는 일은 사실상 불가능하다. 그렇다면 현실적으로 중생의 입장에서 인연이라는 당연한 진리를 실천할 수 있는 길은 없을까? 이는 어떻게 살 것인가 하는 문제와 연결되기 때문에 진지하게 생각할 부분이다.

'소 잃고 외양간 고친다'는 속담이 있다. 일이 잘못되고 나면 아무리 수습을 잘 해도 소용이 없기 때문에 미리 대비를 잘 해야 된다는 뜻이다. 하지만 이 말을 좀 더 현실적으로 음미할 필요가 있다. 인간이 완벽하지 않은 이상 소를 잃기 전에는 외양간을 고친다는 문제의식을 갖기 어렵기 때문이다. 소를 잃어봐야 비로소 외양간을 고치는 일이 얼마나 중요한지 깨닫게 된다는 뜻이다. 중요한 것은 소를 잃고 나서 실제로 외양간을 고치는 일이다. 아직도 그 안에는 적지 않은 소들이 남아 있으니까 말이다. 현실에서도 사건이 일어난 후 외양간을 고치지 않아 더 큰 사고로 이어지는 경우를 많이 본다. 1994년 10월 성수대교가 무너지고 불과 1년도 되지 않은 시점에 삼풍백화점이 붕괴되어 수많은 목숨들을 잃지 않았던가. 이 역시 소 잃고 외양간을 고치지 않아서 벌어진 일이다. 따라서 이 속담을 '소 잃고 외양간 고치자'로 새롭게 해석할 필요가 있다.

모든 것은 여러 인연이 모여서 생겨나고 인연이 다하면 소멸하기 마련이다. 이는 당연한 진리이며, 불교에서는 인연생인연멸(因緣生因

緣滅)이라고 한다. 여기에는 인연이 주어졌을 때 후회 없이 사랑해야 한다는 값진 의미가 담겨 있다. 부모와 자식, 친구와 연인 등의 모든 관계가 그렇다. 문제는 소중한 사람을 잃고 나서야 비로소 인연의 소중함을 깨닫게 된다는 사실이다. 부모님이 돌아가셔야 "살아계실 때 좀 더 잘해드릴 걸."이라는 후회를 하지만, 인간의 기억은 그리 오래가지 못한다. 곧바로 잊어버리고 그 안에 사람들이 남아 있는데도 외양간 고칠 생각을 못하는 것이다. 지금의 우리가 그렇게 살고 있으며, 우리의 부모님도, 부모님의 부모님도 그랬다. 이것이 인간들 삶의 실존이다.

그렇다면 중생으로서 인연이라는 진리를 실천하는 방법은 오직 하나뿐인 것 같다. 인연이 주어졌을 때 성심을 다해 사랑하는 것이다. 혹여 그렇지 못하고 소를 잃게 되더라도 다른 소를 잃지 않도록 더욱 튼튼하게 외양간을 고쳐야 한다. 그렇게 살면 사랑하는 사람이 세상을 떠나더라도 후회 없이 보낼 수 있을 것이다. 소 잃고 외양간 고치는 일, 그것이 중생으로서 인연을 소중히 가꾸는 최선의 길이다.

참다운 불사

출가한 왕자의 불사

흔히 절이나 탑을 세우고 불상이나 불화를 조성하는 일을 가리켜 불사(佛事)라 한다. 불사란 글자 그대로 붓다의 일을 하는 것이다. 넓게는 경전이나 불교 서적을 간행하는 것을 포함하여 불교와 관련된 각종 행사 또한 붓다의 일이라고 할 수 있다. 이처럼 눈에 보이는 외적인 불사도 중요하지만, 붓다의 가르침을 공부하고 인재를 키우는 것이 진정한 불사라는 목소리가 울림을 주고 있다. 인재 불사의 중요성을 인식해야 한다는 뜻이다. 이러한 오늘날 대각국사(大覺國師) 의천(義天, 1055~1101)의 삶과 열반송을 통해 불사의 의미를 돌아보는 것도 뜻깊은 일이라 할 것이다.

의천은 고려 11대 임금인 문종(文宗)의 넷째 아들로 태어났다. 어머니 인예왕후(仁叡王后)는 용이 자신의 품으로 들어오는 태몽을 꾸고 의천을 낳았는데, 그가 태어나던 날 왕궁에 향기가 가득했다고 전한다. 속명은 왕후(王煦)이며, 어린 시절부터 글공부에 남다른 재능을 보여 열 살 이전에 이미 사서삼경(四書三經)을 통달하게 된다. 당시 고려는 왕위 계승을 둘러싼 분란을 피하고 왕권의 안정화를 위해 왕자들 가운데 한 명 정도는 출가시키는 것이 관례였다. 그래서 문종은 왕자들을 모아놓고 '누가 출가하여 국가의 복전(福田)이 되겠느냐?'고 물었다. 다른 왕자들은 침묵을 지켰지만, 11살이던 의천이 손을 들고 부왕께 출가의 뜻을 밝힌다.

당시 의천의 외삼촌인 경덕국사(景德國師) 난원(爛圓, 999~1066)은 교종의 최고 수장인 승통(僧統)의 자리에 있었다. 의천은 개경 영통사(靈通寺)에 주석하고 있던 난원에게 출가를 하고 경전 공부와 수행에 매진하였다. 그리고 스승이 입적을 하자 문종은 의천에게 '우세(祐世)'라는 법호와 함께 승통의 자리에 오르도록 한다. 13살의 승통이라니, 지금이라면 감히 상상도 할 수 없는 일이다. 이것은 마치 대학에 입학한 지 2년 만에 총장 자리에 오른 것에 비유할 수 있다. 파격도 이런 파격이 있을 수 없다. 물론 의천이 왕자의 신분이라는 점이 크게 작용한 것이 사실이다. 하지만 출가 후 밤낮을 가리지 않는 수행정진을 통해 충분한 자격을 갖췄기 때문이라는 점도 간과해서는 안 된다.

의천은 국내에 머무르지 않고 중국으로 건너가 불법을 좀 더 깊이 공부하고 싶었다. 하지만 부왕과 어머니를 포함한 주변의 반대가 너무 심해서 매번 포기해야만 했다. 그럼에도 불구하고 구도를 향한 그의 열정을 막을 수는 없었다. 마침내 그는 편지 한 장을 남기고 몰래 송나라로 출국하고 만다. 그곳에서 의천은 많은 승려들과 교류를 하면서 견문을 넓혔으며 황제인 철종(哲宗)의 도움으로 무사히 유학생활을 마칠 수 있었다. 그가 송나라에 머문 기간은 1년 2개월 정도로 짧은 편이다. 아들을 걱정하는 어머니가 송나라 황실에 편지를 보내 귀국을 종용했기 때문이다. 의천은 어쩔 수 없이 귀국하게 되는데, 이때 수많은 경전들을 가지고 고려로 돌아온다.

고국으로 돌아온 의천은 흥왕사에 주석하면서 교장도감(敎藏都監)을 설치하고 속장경(續藏經)을 간행한다. 속장경은 고려 현종(顯宗) 때 불법의 힘으로 거란의 침입을 물리치고자 만든 초조대장경(初雕大藏經)을 보완한 것이다. 한마디로 대장경에 빠진 목록들을 추가하여 경전의 완성도를 높인 것이다. 이 작업은 그가 세상을 떠날 때까지 10여 년 동안 지속되는데, 이때 간행된 책이 무려 4천 700여 권에 이른다. 이후 몽고의 침입으로 경판이 불타버리지만, 불서를 향한 그의 사랑마저 사라진 것은 아니다. 오늘날로 보면 그는 불교도서관 관장을 맡아 수많은 불서들을 수집했을 뿐만 아니라 직접 제작 및 유통하는 불사를 진행한 셈이 된다.

의천을 말할 때마다 속장경 간행과 더불어 빠지지 않는 것이 천태종을 창립한 일이다. 그는 송나라로 유학을 갔을 때 중국의 천태종을 확립한 천태지의(天台智顗 538~597)의 탑을 참배하고 천태 교학을 널리 알리겠다는 서원을 세운다. 그리고 귀국해서 이를 실천

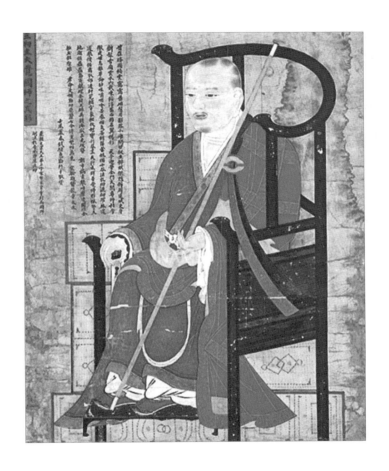

으로 옮긴다. 그런데 왜 의천은 천태종을 세울 생각을 했을까? 당시는 신라 말부터 중국에서 들어온 선종(禪宗)과 기존에 자리 잡고 있던 교종(敎宗) 사이에 대립과 갈등이 심각한 상황이었다. 그는 '어떻게 하면 이 둘을 회통(會通)할 수 있을까?' 하는 문제의식을 갖고 고민한 끝에 천태지의의 회삼귀일(會三歸一) 사상에서 그 단서를 발견하였다. 회삼귀일은 글자 그대로 서로 다른 세 가지, 즉 성문(聲聞)과 연각(緣覺), 보살(菩薩)이 만나서 하나로 돌아간다는 뜻이다. 이처럼 의천은 천태의 사상에 입각하여 선종과 교종 간의 대립을 해소하고 일불승(一佛乘)으로 회통하고자 새로운 종파를 창립한 것이다.

그는 속장경 간행과 천태종 창립이라는 대형 불사를 일으키고 47세라는 이른 나이에 고요 속으로 떠난다. 다음은 그가 남긴 열반의 노래다.

"초승달 밝게 뜨고 흰 구름 오가는 가을. 바람이 물소리를 보내는 곳 그 어디인가. 시방의 한량없는 부처님 나라에서, 미래세가 다하도록 부처님 일 하리라(半輪明月白雲秋 風送泉聲何處是 十方無量光佛刹 盡未來際作佛事)."

법보시, 최고의 불사

의천의 열반송을 읽으면서 요즘의 풍경이 많이 떠올랐다. 마침

가을이 아니던가. 미세먼지 없는 맑은 하늘 아래에서 바람이 물소리를 보내고 있다. 이때는 어느 곳에 머물러도 좋다. 모두가 아름다운 불국토이니 말이다. 이토록 아름다운 땅에 살면서 어떤 마음으로 불자(佛子)의 길을 가야 할지 생각해 본다. 의천은 미래세가 다하도록 부처님 일을 하겠다고 서원을 세우면서 고요 속으로 떠났다. 그의 발원을 화두 삼아 성찰의 가을 여행을 떠나보기로 하자.

흔히 절에 열심히 나오고 보시도 잘 하는 불자들을 가리켜 신심(信心)이 깊다고 한다. 신심이란 글자 그대로 믿는 마음이다. 붓다(佛)와 가르침(法), 승가(僧)에 대한 믿는 마음이 지극하다는 뜻이다. 그런데 불교를 믿는다고 하면서 과연 우리는 붓다가 어떤 삶을 살았으며 어떤 가르침을 펼쳤는지 얼마나 알려고 했을까? 이 질문에 자신 있게 답할 수 없다는 데 오늘의 문제가 있다. 불자들이 이웃 종교와 비교했을 때 불서를 많이 읽지 않는다는 것이 그 방증이다. 물론 불서를 읽는 것이 신행활동의 전부라고 할 수는 없지만, 그것이 기본이 되어야 한다는 것은 분명하다. 오늘날 문제가 되고 있는 무조건적인 신앙, 왜곡된 신앙, 지나치게 기복적인 신앙은 붓다를 제대로 알지 못하는 데서 기인한다는 사실을 간과해서는 안 된다.

그렇다면 신심의 기초는 다른 데 있는 것이 아니라 붓다를 알기 위한 공부에 있다는 점은 분명해진다. 그 공부에 필요한 자료가 바로 불서다. 의천은 국내외의 수많은 자료를 수집하고 속장경을 간행하였다. 이뿐만 아니라 경전을 필요로 하는 곳이 있으면 아낌없이 보시하였다. 그 이유가 어디에 있겠는가? 바로 불자들이 붓다의 말씀을 공부하고 현실에서 실천할 수 있도록 도와주는 것이 참다운 불사라고 생각했기 때문이다. 사찰이나 탑을 세우는 것보다 사람들을 공부의 길로 이끄는 불사가 중요하다는 뜻이다.

불교에서는 보시를 세 가지로 구분한다. 첫째는 재시(財施), 그러니까 재물을 통해 나눔을 실천하는 일이다. 현실적으로 볼 때 가장 직접적이고 즉각적인 효과가 있는 실천이다. 둘째는 법시(法施)다. 대중들이 어리석음에서 벗어날 수 있도록 붓다의 진리를 전하는 일이다. 그러기 위해서는 공부가 바탕이 되어야 한다. 셋째는 두려움을 없게 하는 무외시(無畏施)다. 예컨대 상대에게 화를 내거나 욕을 하는 것이 아니라, 부드러운 미소와 따뜻한 말 한마디 건네는 것이 무외시다. 이는 아는 것과 가진 것이 없어도 얼마든지 실천할 수 있는 나눔이다.

이 세 가지는 모두 훌륭한 나눔이지만, 그 가운데 가장 중요한 것이 바로 법보시다. 왜 그럴까? 불교는 붓다(佛)의 가르침(敎)이면서 동시에 붓다가 되는 길이기도 하다. 붓다처럼 존재의 실상을 깨치고 이를 통해 자비를 실천하는 것이 궁극적인 목표라는 뜻이다. 이를 위해서는 직접 공부와 수행을 해야 하는데, 법(法)이 깨침을 향한 나침반 역할을 하기 때문에 가장 중요하다고 강조한 것이다. 〈금강경〉을 비롯한 여러 경전에서 아무리 많은 보시를 하더라도 경전 읽는 공덕이 훨씬 크다고 말하는 이유도 여기에서 찾을 수 있다. 이처럼 불법을 중심으로 신행생활을 했을 때 앞서 언급한 왜곡되고 기복 중심의 신앙에서 벗어날 수 있다. 어리석음에서 지혜롭고 자비로운 삶으로의 질적 전환은 이때 찾아오는 선물이다.

　이런 점에서 봤을 때, 의천이 경전을 간행하고 보급한 일이 남다른 의미로 다가온다. 앞서 언급한 것처럼 사람들로 하여금 삶의 질적 변화를 이끄는 불사이기 때문이다. 그는 미래세가 다하도록 불사를 하겠다는 발원을 하면서 고요 속으로 떠났다. 참으로 거룩한 회향이다. 의천은 우리가 사는 이 세상으로 돌아와 어디에선가 열심히 불서를 만들고 전파하면서 불사를 하고 있을 것이다. 우리가 그 귀한 가치를 외면하지 말고 이어가야 한다. 그것이 무엇이겠는가. 최고의 보시는 법보시라는 말만 하지 말고 실제로 불서를 비롯하여 불교신문이나 불교잡지 등을 읽고 신행의 기초로 삼는 일이다. 그것이 귀한 서원을 세우면서 떠난 의천에게 조금이라도 응답하는 길이다.

　독서하기 좋은 계절이다. 올 가을에는 바람이 물소리를 보내는 불국토에서 불서 한 권 읽어보는 것은 어떨까. 감명 깊게 읽은 책을 지인에게 선물해도 좋다. 그렇게 가을을 장엄하는 것도 뜻깊은 불사가 될 것이다.

다만 모른다는 것을 알라

호랑이 눈, 소걸음

'호랑이 눈, 소걸음(虎視牛行)'

보조국사(普照國師) 지눌(知訥, 1158~1210)의 삶을 상징적으로 나
타내는 말이다. 호랑이는 사냥을 할 때 곁눈질을 하지 않고 정면
을 똑바로 응시하며, 소는 비록 행동은 느리지만 꾸준하고 성실하
게 걸음을 옮긴다. 지눌이 호랑이처럼 현실을 정확히 직시하고 소
처럼 끊임없이 실천하면서 살았다는 뜻이다. 그렇다면 호랑이 눈
에 비친 지눌 당시의 현실은 어떠했으며, 그가 소걸음의 실천을 강
조한 이유는 어디에 있을까?

지눌은 황해도 서흥(瑞興) 출신으로 아버지는 국학(國學)의 학정
(學正), 오늘날로 보면 국립대학 학장을 지낸 인물이다. 지눌은 어린

시절부터 병치레가 많았던 것으로 알려져 있다. 부모는 출가를 하면 병을 고치고 주어진 명대로 살 수 있다는 믿음으로 어린 지눌을 절에 맡긴다. 어떤 사연인지는 모르지만, 지눌은 황해도에서 그 먼 강원도 강릉에 자리한 굴산사(崛山寺)로 출가하게 된다. 우리나라에서 가장 규모가 큰 굴산사지 당간지주가 있는 곳이다. 당시 굴산사는 구산선문 가운데 사굴산문의 중심 사찰이었다. 여기에서 그는 종휘(宗暉) 선사에게 출가를 하게 된다.

기록에 학무상사(學無常師), 즉 일정한 스승 없이 공부했다고 나오는 것을 보면 지눌이 굴산사에 오래 머물면서 정진한 것 같지는 않다. 지눌은 25세의 나이에 그 어렵다는 승과(僧科)에 합격하게 된다. 이는 국가에서 매우 뛰어난 엘리트 승려임을 공식적으로 인정하는 것이다. 실제로 승과에 합격하게 되면 큰 사찰의 주지나 중요한 자리에 임명되는 등의 특혜가 주어진다. 한마디로 승려로서 탄탄대로의 미래가 보장된 셈이다. 하지만 지눌은 출세, 명리와는 다른 길을 선택한다. 당시 합격자들을 위한 축하 모임이 개경 보제사(普濟寺)에서 담선법회(談禪法會) 형식으로 열리는데, 이 자리에서 지눌은 도반들을 향해 다음과 같은 제안을 한다.

"이 법회가 끝나면 명예와 이익을 버리고 산속으로 들어가 선정과 지혜를 함께 닦는 모임을 만듭시다."

고려불교를 새롭게 혁신하려는 강한 의지가 담긴 사자후다. 그렇다면 지눌은 왜 출세 길을 외면하고 이런 어려운 길을 선택했을까? 당시 지눌이라는 호랑이의 눈에 비친 고려불교는 매우 심각할 정도로 많은 문제를 안고 있었다. 외적으로 승려들은 종교적 기강이 해이해지면서 타락의 길을 걷고 있었다. 불살생(不殺生)을 지켜야 할 승려들이 무신(武臣) 정치 세력들과 결탁하여 사람을 죽이는 전투에 참여했으며, 심지어 가난한 서민들을 상대로 고리대금업까지 할 정도로 타락의 늪에 빠져 있었다. 불교 내적으로는 선종(禪宗)과 교종(敎宗)이 서로 헐뜯으면서 '원수'처럼 싸우고 있었다. 한마디로 지눌은 고려불교가 총체적 난국에 빠졌다고 진단을 내린 것이다.

지눌은 먼저 고려불교가 타락한 원인을 분석하고 그 대안을 찾고자 노력하였다. 그가 내린 결론은 불교가 마음 닦는(修心) 일을 게을리 했기 때문에 이런 현상이 발생했다는 것이었다. 따라서 이를 극복하고 정법불교를 확립하기 위해서는 수심불교(修心佛敎)로 회복하는 길밖에 없었다. 그가 담선법회에서 선정과 지혜를 함께 닦는 결사를 만들자고 외친 이유도 바로 여기에 있다. 실제로 그는 뜻을 함께 한 도반들과 남쪽으로 내려와 이를 실천에 옮긴다. 그것이 유명한 정혜결사(定慧結社) 운동이다. 팔공산 거조암(居祖庵)이나 조계산 송광사(松廣寺) 등은 이런 숭고한 뜻이 새겨진 역사적 현장이다.

이처럼 지눌은 마음 닦는 결사를 통해 고려불교를 개혁하고자 하였다. 이뿐만 아니라 불교 내적으로 문제가 된 선종과 교종 간의 갈등을 해소하고자 많은 노력을 기울였다. 특히 불립문자(不立文字)의 전통 속에 있는 선사로서 회통(會通)의 근거를 발견하기 위해 3년간 대장경을 공부한 일은 당시로서는 파격에 가까웠다. 그는 선(禪)과 교(敎)가 둘이 아니라는 근거를 발견하고 하염없이 눈물을 흘렸다고 한다. 그가 이 문제에 얼마나 깊이 천착했는지 알 수 있는 대목이다. 그가 내린 결론은 지금까지 한국불교의 전통으로 굳건히 자리 잡고 있다.

> "선은 부처님의 마음이요(禪是佛心), 교는 부처님의 말씀이다(敎是佛語)."

이는 단순하지만, 마음과 언어가 만나면(會) 서로 통(通)할 수 있다는 의미 있는 결론이다. 결국 마음을 밖으로 표현한 것이 말씀이기 때문에 선과 교는 둘이 아니라 하나라는 뜻이다. 서로 원수처럼 싸울 이유가 사라진 셈이다.

평생 고려불교의 혁신과 선교회통을 위해 진력한 지눌은 53세라는 짧은 나이에 제자들과 법담을 나누다 입적에 든다. 그는 유마거사와 지눌의 병이 같은지 다른지 모르겠다는 제자의 질문에 다음과 같이 대답하면서 이승과의 인연을 마친다.

> "너는 같고 다른 것만을 배웠구나. 일체의 모든 것이 이 안에 있느니라(爾學同別來 千種萬船摠在這裡)."

무지를 자각할 때 나오는 것들

한 사람의 마지막 모습을 보면 그가 어떤 삶을 살았는지 알 수 있다고 한다. 죽음은 삶 전체를 압축하는 순간이기 때문인 것 같다. 그래서 선(禪)에서는 '갈 때 보자'는 말을 종종 한다. 잘 간다는 것은 곧 잘 살았다는 방증이기도 하다. 잘 갔다는 의미를 담은 '선서(善逝)'가 붓다의 명호 가운데 하나인 것도 다 이유가 있는 셈이다. 그렇다면 지눌의 마지막 모습은 어땠을까? 개인적으로 제자들과 진리에 대한 법담을 나누면서 삶을 마감하는 모습이 무척 아름답고 인상적으로 다가왔다.

지눌은 53세가 되던 1210년 어느 봄날 자신이 떠날 것을 미리 알고 목욕재계를 한 다음 제자들에게 마지막 법문을 한다. 비문에는 "이 눈은 시조(始祖)의 눈이 아니고, 이 코도 시조의 코가 아니다. 이 입은 어머니가 낳아준 입도 아니고, 이 혀도 어머니가 낳아준 혀가 아니다."라는 내용으로 되어 있다. 한마디로 자신이 태어나기 이전의 본래면목(本來面目)을 돌이켜보라는 뜻이다. 그리고 힘이 있는 자는 나와서 질문하라고 하자 유마와 지눌의 병이 어떻게 다른지 모르겠다는 제자의 물음이 나온 것이다. 지눌은 들고 있던 주장자를 몇 번 내리친 다음 일체의 모든 것이 여기에 있다는 말을 끝으로 고요 속으로 들어간다.

그의 마지막 말은 무슨 의미를 담고 있을까? 매번 느끼는 것이지만, 마음으로 전한 선사들의 언어를 지적으로 해석하는 일은 무척 힘들다. 하지만 아는 만큼, 보이는 만큼 해석하고 거기에 삶의 의미를 부여하는 것은 어쩌면 인간의 축복일지 모른다. 이 때문에 눈썹이 빠진다 해도 즐겁게 받아들일 것 같다. 인류는 같은 속성을 가진 사물들을 구분하고 다른 대상과의 차이를 규명하면서 진화해 왔다. 예컨대 말과 고양이는 동물이라는 공통성이 있으며, 식물과 동물은 본질이 다르다. 동양인과 서양인은 사람이라는 본질은 같지만, 외모나 사용하는 언어 등은 다르다. 고려 당시 같은 불교 내에서도 선종과 교종은 원수처럼 싸울 만큼 서로 다르다고 주장했다. 동일한 현상이라도 보수와 진보 진영의 해석은 하늘과 땅만큼이나 차이가 난다.

지금까지 인류는 같고 다른 것을 구분하면서 편을 만들고 나와 다른 진영은 틀렸다고 적대시하면서 살아왔다. 종교와 이념이 다르다는 이유로 저지른 전쟁을 돌아보면, 정말로 끔찍한 일이 아닐 수 없다. 그런데 우리는 같고 다른 것을 구분하면서도, 정작 그것을 구별하고 있는 자신이 어떤 존재인지 돌아본 일은 별로 없는 것 같다. 지눌은 제자에게 같은지, 다른지 모르겠다고 질문한 놈이 어떤 바탕인지 진지하게 돌이켜보라고 말하고 있는 것이다. 자신의 성품을 보는 것(見性)은 선의 생명이기 때문이다.

하지만 같고 다름을 구분하면서 살아온 업장 때문에 자신을 성찰하는 일이 쉽지만은 않다. 이때 필요한 일이 무엇일까? 지눌은 『수심결』에서 "다만 모른다는 것을 알라."고 강조한 적이 있다. 지금까지 자신이 안다고 생각했던 것이 사실은 편견이나 선입견일 수 있기 때문이다. 단지불회(但知不會)는 시비, 분별에 사로잡힌 마음을 모두 내려놓겠다는 자기 고백이다. 나 자신의 존재가 어떤 바탕인지 돌아보겠다는 마음이 생기는 순간이다. 이때 나오는 질문이 다름 아닌 '이 뭣고(是甚麽)?'라는 화두, 즉 '이것이 무엇인가?'라는 질문이다. 이러한 살아있는 질문은 자신의 무지를 자각했을 때 나올 수 있는 것이다. '너 자신을 알라'고 외쳤던 소크라테스나 '아는 것을 안다고 하고 모르는 것을 모른다고 하는 것이 진정으로 아는 것'이라고 말했던 공자와 같은 의미라 할 것이다. 이런 점에서 볼 때, 지눌이 마지막으로 남긴 '일체의 모든 것이 이 안에 있다'고 했을 때 '이것'은 바로 모르겠다는 '그 마음'이 아니었을까 싶다.

이처럼 무지(無知)를 자각할 때 나란 존재란 무엇이며, 어떻게 살 것인가에 대한 근원적인 질문이 나올 수 있다. 지눌은 무지를 깨쳤기 때문에 호랑이의 눈으로 자신과 고려불교의 문제점을 분명하게 직시하고 대안을 세울 수 있었다. 그것이 다름 아닌 마음 닦는 수심불교의 확립이었다. 그는 여기에서 그치지 않고 실제로 정혜결사 운동을 펼치면서 평생을 수심인(修心人)으로 살았다. 지눌 스스로 '소치는 아이(牧牛子)'라고 불렀던 이유이기도 하다.

어른이라는 허울 속에서 발버둥치고 있는 오늘의 우리에게 필요한 것도 바로 소치는 목동의 마음이 아닐까 싶다. 정확히 모르면서도 자신의 이익을 위해 가짜 뉴스나 허위 사실을 유포하고 온갖 편견과 선입견에 사로잡힌 어른과 달리 어린 아이는 모르면 모른다고 말하는 용기가 있으니까 말이다.

열반은 어디에?

스승과의 이심전심

한국불교의 정체성은 무엇일까? 이 물음에 대해 많은 사람들이 간화선(看話禪)이라는 답을 내놓는다. 한국불교 최대 종단인 조계종은 본래 선종(禪宗)이며, 화두를 참구하는 간화선이 중심에 있기 때문이다. 지금도 안거(安居) 기간에는 많은 수좌들이 화두를 참구하면서 정진을 이어가고 있다. 간화선은 중국의 대혜종고가 개발한 수행체계로 고려 때 보조국사 지눌이 처음 소개하였다. 하지만 이를 체계화해서 한국불교의 전통으로 확립한 사람은 그 제자인 진각혜심(眞覺慧諶, 1178~1234)이다. 비록 스승의 명성에 가려 많이 알려지지 않았지만, 그는 한국 선불교 역사에서 매우 중요한 위치를 차지하고 있는 인물이다.

혜심은 고려 명종(明宗) 8년인 1178년 전남 화순에서 태어났다.

속명은 최식(崔寔)이며, 자호(自號)는 무의자(無衣子)다. 어머니는 하늘 문(天門)이 활짝 열리고 세 번의 벼락을 맞는 꿈을 꾸고 나서 그를 낳게 된다. 그런데 갓 태어난 아이는 전생에 승려의 인연이 있었던지, 태를 두른 모습이 마치 가사를 입은 것 같았다고 한다. 어린 시절 아버지가 일찍 세상을 떠나고 출가의 뜻을 밝히지만, 어머니의 극심한 반대로 이루지 못한다. 그는 어머니의 바람대로 소과인 사마시(司馬試)에 합격하고 개경의 태학(太學)에 입학한다.

출가의 인연은 그의 어머니가 돌아가시고 찾아오는데, 49재를 모시기 위해 송광사에 왔다가 진리의 스승인 지눌을 만나 사문의 길로 들어서게 된 것이다. 기록에 의하면 지눌이 송나라 때 선사인 설두중현(雪竇重顯, 980~1052)이 송광사로 들어오는 꿈을 꾸고 나서 혜심이 찾아왔다고 한다. 중현은 시문에 매우 뛰어났으며, 『벽암록(碧巖錄)』의 모체가 되는 〈설두송고(雪竇頌古)〉를 지은 인물이다. 혜심 역시 중현에 필적할 만한 시재(詩才)를 지니고 있었으니, 지눌의 꿈이 예사롭지 않았던 셈이다.

혜심의 시재를 엿볼 수 있는 일화를 하나 소개할까 한다. 지눌이 상백운암(上白雲庵)에 머물 때의 일이다. 혜심이 지눌을 만나러 상백운암으로 가던 중 산 아래에서 쉬고 있는데, 멀리서 스승이 시자 부르는 소리를 듣게 된다. 시심이 발동한 혜심은 이때의 심경을 담아 한 편의 시를 짓는다.

"시자 부르는 소리 소나무 숲 안개에 울려 퍼지고, 차 달이는

향기 돌길 바람 타고 전해오네. 백운산에 들어섰을 뿐인데, 이미 암자에 계신 노스님을 뵈었다네(呼兒響落松蘿霧 煮茗香傳石徑風 纔入白雲山下路 已參菴內老師翁)."

백운산의 옛 이름은 억보산(億寶山)인데, 글자 그대로 일억 개의 보물을 품고 있다는 뜻이다. 이곳에 들어서자 멀리서 스승의 목소리와 차 달이는 향기가 제자에게 전해졌던 것 같다. 그때의 심경을 한 편의 아름다운 시로 노래하고 있는 것이다. 혜심은 지눌을 만나 인사를 드리고 이 시를 바치는데, 이때 스승은 손에 들고 있던 부채를 제자에게 건넨다. 이것은 그냥 부채가 아니라 스승이 마음과 마음으로 전해준 법(法)이다. 이 순간을 제자는 그냥 지나치지 않고 진리의 스승에게 감사의 마음을 담아 다시 한 편의 시를 짓는다.

"전에는 스승의 손에 있었으나 지금은 제자의 손에 있네. 번뇌 망상 뜨겁게 일어나면 마음대로 맑은 바람 일으키리."

우리는 지금 스승과 제자의 멋진 만남을 보고 있는 것이다. 제자가 손에 들고 있는 부채에는 스승의 가르침이 담겨 있다. 혜심은 부채를 받고 가르침대로 살겠다는 다짐을 한다. 혹여 번뇌, 망상이 일어나더라도 아무런 걱정이 없다. 맑은 바람을 일으키는 진리의 부채로 저 멀리 날려버리면 되니까 말이다. 혜심은 지눌이 억보산에서 얻는 일 억(億) 개의 보물(寶)이었다. 어느 날 지눌은 한국불교의 보배로 성장한 제자에게 이렇게 말한다.

"내가 이미 너를 얻었으니, 죽어도 여한이 없다. 너는 마땅히 불법을 맡아서 그 본원을 바꾸는 일이 없도록 하라."

지눌이 혜심을 얼마나 아꼈는지 알 수 있는 대목이다. 지눌 입적 후 혜심은 스승의 뜻을 받들어 수선사(修禪寺) 2대로서 정혜결사 운동을 계승하고 고려불교를 정법불교로 바꾸는 데 진력하게 된다. 또한 스승이 소개한 간화선(看話禪)을 체계적으로 발전시켜 선 수행의 교과서로 평가 받는 『선문염송(禪門拈頌)』을 완성한다. 오늘도 마음을 깨치려는 수행자들은 이 책에 의지해 정진에 정진을 거듭하고 있다. 다음은 그가 남긴 열반송이다.

"온갖 고통 이르지 못하는 곳에 따로 한 세계가 있으니, 거기가 어디냐고 묻는다면 크게 고요한 열반의 문이라 말하리(衆苦不到處 別有一乾坤 且問是何處 大寂涅槃門)."

고통에서 벗어나는 길

혜심이 활동하던 시기는 무신들이 권력을 독점하고 있었다. 당시 최고 권력자는 최충헌의 아들 최우(崔瑀, ?~1249년)였는데, 그는 자신의 두 아들인 만종(萬宗)과 만전(萬全)을 제자로 보낼 만큼 혜심을 존경하였다. 잘 알려진 것처럼, 만전은 최우의 뒤를 이어 권력을 승계한 최항(崔沆)이다. 최우는 혜심을 개경으로 모시기 위해 노력을 기울이지만, 선사는 이에 응하지 않고 수행자의 본분을 지키는 데 전념한다. 혜심이 개경으로 가지는 않았어도 최우는 어려움이 있을 때면 편지를 보내 조언을 구하기도 하였다. 최고 권력자에게 던지는 선사의 인상적인 한마디를 소개해 본다.

"나를 좋다 하는 이는 도적이요, 밉다 하는 이는 스승이다."

새기면 새길수록 마음에 와 닿는 가르침이다. 혜심은 스승의 가르침에 따라 정혜결사 운동을 이끌다가 말년에 이르러 병을 얻게된다. 어느 날 혜심은 제자에게 "늙은 내가 오늘 고통이 몹시 심하다."고 말한다. 무엇 때문에 그러시냐는 제자의 물음에 혜심은 게송으로 답을 하는데, 그것이 앞서 소개한 열반송이다. 그는 삶을 정리하는 마지막 순간 제자에게 고통이 소멸된 열반의 세계를 말하고 있다. 그렇다면 열반의 문을 통해 전하고 싶었던 메시지는 무엇이었을까?

'불교란 무엇인가?'에 대한 가장 실존적인 대답은 이고득락(離苦得樂), 즉 고통에서 벗어나 즐거움을 얻는다는 것이다. 싯다르타가 출가를 한 것도 생로병사(生老病死)의 고통으로부터 벗어나고 싶었기 때문이다. 그는 6년간의 치열한 수행 끝에 깨달음을 얻고 중생에서 붓다로 질적 전환을 이룬다. 이것은 그가 모든 번뇌에서 벗어나 열반을 성취했다는 것을 의미한다. 지금도 어느 이름 모를 토굴에서는 생사의 고통에서 벗어나기 위해 화두를 붙들고 있을 것이다.

그런데 혜심 당시 출가자들은 고통에서 벗어나기 위한 공부에는 관심을 두지 않고 부와 명예, 권력만을 좇고 있었다. 그 결과 종교적 기강은 해이해지고 고려불교는 타락의 길을 걷고 있었다. 그렇다면 어떻게 해야 할까? 혜심이 내린 처방은 아주 단순하다. 그것은 불교의 기본으로 돌아가는 일이다. 생사의 고통에서 벗어나기 위한 마음공부에 집중해야 한다는 뜻이다. 그가 스승의 뒤를 이어 마음 닦는 정혜결사 운동에 매진한 이유도 여기에서 찾을 수 있다.

혜심은 이를 위해 먼저 버려야 할 것이 있다고 생각하였다. 그것은 다름 아닌 부와 권력, 명예라고 하는 허울이었다. 이러한 두꺼운 옷을 입고 있는 한, 수심(修心)의 길은 요원할 뿐이다. 그래서 혜심은 스스로를 '무의자(無衣子)'라 부르고 솔선수범에 나섰다. 무의자란 글자 그대로 '옷을 벗은 아이'라는 뜻이다. 그 옷이 무엇이겠는가? 바로 권력과 부, 명예와 같은 헛된 욕망이다. 이러한 세속적 욕망을 버리고 마음 닦는 일에 집중하는 것이 불교의 근본으로 돌아가는 길이자 고려불교를 바로잡는 일이라고 혜심은 믿었다. 그가 최우의 거듭되는 요청에도 개경으로 가지 않은 이유가 있었던 셈이다.

혜심은 고요 속으로 떠나기 직전 제자에게 "늙은 내가 몹시 바쁘다."라는 마지막 말을 남긴다. 멍하니 서있는 제자를 향해 미소를 지으면서 혜심은 가부좌를 한 채 열반에 든다. 앞에서 언급한 "늙은 내가 오늘 고통이 몹시 심하다."는 말과 묘한 대조를 이루고 있다. 죽어가는 사람이 왜 그렇게 바쁜 것일까? 이는 다른 것이 아니라 일촌의 시간도 낭비하지 말고 고통에서 벗어나기 위한 공부에 매진하라는 뜻이다. 죽어가는 나도 마음 닦느라 이렇게 바쁜데, '너는 지금 뭐 하고 있느냐?'는 사자의 외침인 것이다. 마치 "모든 것은 무상(無常)하니, 게으르지 말고 부지런히 정진하라."는 붓다의 마지막 유훈을 듣는 것 같다.

불교는 공부하기 어렵다는 얘기를 종종 듣는다. 붓다는 가장 대중적인 언어로 고통에서 벗어나는 길을 쉽게 전했는데, 오늘의 현실은 그렇지 못한 것 같다. 불교가 관념적으로 변하면서 실천성을 잃어가고 있다는 지적이 많다. 아무리 철학적이고 지적으로 세련된 불교를 말하더라도 그 중심에 중생들의 고통이 자리하고 있다는 사실을 놓쳐서는 안 된다. 우리가 가져야 할 문제의식도 '어떻게 하면 고통에서 벗어나는 길을 오늘에 맞게 제시하고 실천할 수 있을까?'에 집중해야 한다. 혜심이 21세기 한국불교에 던지는 메시지도 여기에 있지 않을까 싶다. 더욱 바빠져야 할 것 같다.

23. 태고보우(太古普愚)

봄날은 간다

한국불교의 중흥조

대한불교조계종은 한국불교 최대 종단이다. 우리나라에서 조계
종에 속한 사찰과 불자가 가장 많다는 뜻이다. 수업을 하다가 이와
관련된 이야기가 나오면 조계종의 종조(宗祖)가 누구인지 아느냐
고 물어보곤 한다. 그러면 제대로 답하는 학인이 별로 없다. 처음
들어보는 이름이라고 말하는 이도 있다. 그래서 혹여 설악산으로
여행을 가게 되면 도의국사(道義國師)의 부도가 있는 진전사지(陳田
寺址)에 꼭 들러보라고 말한다. 도의는 신라 말 선불교를 소개한 조
계종의 종조이기 때문이다. 고려의 보조지눌은 종단의 종지(宗旨)
를 분명하게 밝힌 선사라고 해서 중천조(重闡祖)라 부르며, 이번 글
의 주인공인 태고보우(太古普愚, 1301~1383)는 조계종의 중흥조(中興
祖)로 추앙의 대상이 되고 있다. 도의와 지눌, 보우는 조계종을 대

198

표하는 선사인 셈이다.

보우는 충남 홍성 출신으로 성은 홍(洪) 씨며, 호는 태고(太古)다. 역사에 이름을 남긴 인물에게서 흔히 보이는 것처럼 그의 어머니는 해가 품안으로 들어오는 태몽을 꾸고 그를 낳는다. 보우는 13세의 이른 나이에 양주에 자리한 회암사(檜巖寺) 광지(廣智)선사에게 출가를 하고 이후에는 가지산문(迦智山門)으로 몸을 옮겨 '만법귀일(萬法歸一)'을 화두로 삼아 수행에 전념한다. 가지산문은 앞서 언급한 도의국사를 초조로 하는 선문(禪門)으로 장흥 보림사가 중심 사찰이다. 그리고 이 화두는 널리 알려진 것처럼 한 승려가 조주 종심(趙州從諗, 778~897)에게 "모든 것은 하나로 돌아간다는데, 그 하나는 어디로 돌아갑니까(萬法歸一 一歸何處)?"라고 물은 데서 유래한다. 이때 조주는 "내가 청주에 있을 때 베적삼 한 벌을 만들었는데, 그 무게가 일곱 근이더라(我在青州 作一領布衫 重七斤)."고 대답한다. 보우는 이를 화두로 삼아 정진한 끝에 진리의 샘물을 맛보게 된다.

그는 26세에 이르러 화엄선(華嚴選)에 합격하게 되는데, 이때부터 경전을 깊이 연구하기 시작한다. 선(禪)과 교(敎)를 아우르는 그의 회통적(會通的)인 모습은 이런 배경에서 나온 것이다. 하지만 경전은 달을 가리키는 방편일 뿐 중요한 것은 직접 달을 보는 일이다. 보우는 이러한 사실을 깨닫고 참선 공부에 더욱 정진하게 된다. 그는 7일 동안 한 자리에서 움직이지 않고 정진을 이어가기도 하는데, 이때 푸른 옷을 입은 동자(靑衣童子)가 건네준 감로수를 마시고 마음의 눈을 뜨게 된다. 이후에도 그는 1,700 공안을 하나하나 점검하면서 막히는 부분 없이 화두 공부를 이어간다. 그리고 41세 때에는 삼각산에 태고암(太古庵)을 짓고 5년 동안 머물게 된다. 그 유명한 〈태고암가(太古庵歌)〉는 이때 나온 작품이다. 첫 구절을 잠시 소개해본다.

"내가 사는 이 암자 나도 모른다네. 깊고도 은밀하지만 막힘이 없다네. 하늘과 땅을 모두 덮었으니 앞뒤가 없고 동서남북 어디에도 머물지 않네(吾住此庵吾莫識 深深密密無壅塞 函蓋乾坤沒向背 不住東西與南北)."

이 암자는 시간도 알 수 없는 아주 오랜 옛날(太古)부터 매우 깊고 은밀하면서도 막힘이 없는 그런 공간이다. 하늘과 땅을 모두 덮을 만큼 무한하기 때문에 앞뒤도 없고 동서남북 어디에도 머물지 않는다. 이런 시간과 공간을 초월하는 바탕이 무엇이겠는가? 바로 마음을 공부하는 이들이 그렇게 찾고자 애쓰는 불성(佛性)이다. 보우는 태고의 불성으로 돌아가 어디에도 걸리지 않는 자유자재한 삶을 살았던 것이다. 이 시가 그 흔적이다.

하지만 그는 자신이 깨친 경지를 확인하기 위해 46세라는 늦은 나이에 중국으로 건너간다. 그곳에서 당대 최고의 선지식이자 임제종 18대 법손인 석옥청공(石屋淸珙, 1272~1352)을 만나 법담을 나누고 인가를 받게 된다. 보우는 청공을 만났을 때 자신이 지은 〈태

고암가)를 들려주는데, 이 시를 들은 청공은 '가히 태고라는 이름이 틀리지 않았다'고 하면서 동방에서 온 수행자를 극찬한다. 그리고 인가의 징표로 자신의 가사를 전해주면서 이렇게 당부한다.

"이 가사는 오늘의 것이지만 법은 영축산에서 흘러나와 지금에 이른 것이다. 지금 이것을 그대에게 전하노니 잘 보호하여 끊어지지 않도록 하라."

보우가 임제종의 법통을 계승하는 순간이다. 앞서 언급한 것처럼 보우는 조계종의 중흥조로 인식되고 있지만, 아직까지 그를 종조로 삼아야 한다는 주장이 끊이지 않고 있는 이유도 바로 여기에 있다. 조계종의 정체성을 임제종에서 찾고자 한다면 보우를 우선할 만한 인물은 없다는 뜻이다. 그가 우리나라에서는 임제종의 초조가 된다.

보우는 귀국한 이후 왕사와 국사에 추대되었으며, 고려 말 격변기의 불교계를 온몸으로 감당하다 83세라는 나이로 열반에 이르게 된다. 다음은 그가 이승에서 남긴 마지막 노래다.

"인생이란 물거품 같이 공하니, 팔십 평생이 봄날의 꿈이라네. 이제 길을 떠나며 가죽 껍데기를 벗으니, 한 덩이 붉은 해가 서산으로 진다네(人生命若水泡空 八十餘年春夢中 臨路如今放皮袋 一輪紅日下西峰)."

봄날은 가도 너는 아름답다

선사들이 남긴 열반송을 읽다 보면 봄날의 꿈이나 허공 꽃, 아침 이슬, 물거품이란 단어들이 자주 보인다. 이승과의 인연을 다하고 떠나는 그들의 눈에는 지나간 인생이 공(空)하고 무상(無常)한 시간으로 비쳐진 것이다. 문득 가수 백설희가 부른 〈봄날은 간다〉라는 노래가 떠올랐다. '연분홍 치마가 봄바람에 휘날리더라'로 시작되는 이 노래는 나훈아, 조용필을 비롯해서 여러 가수들이 리메이크해서 부른 명곡이다. 개인적으로는 드라마 〈전원일기〉에서 배우 김혜자가 술 한 잔 마시고 부르는 장면이 가장 기억에 남는다. 시어머니와 남편에 이어 며느리들 눈치를 보면서 사는 자신의 신세를 한탄하며 부르는 모습이 인상적으로 다가왔다. 거기에는 이미 지나가버린 인생의 봄날에 대한 아쉬움과 쓸쓸함이 짙게 배어 있었다.

그런데 배우 강신일이 〈불후의 명곡〉이라는 프로그램에서 이 노래를 부르는 모습을 보고 마음에 또 다른 울림으로 다가왔다. 담백한 목소리에서 흘러나오는 그의 감성이 나의 무의식을 자극했던 것 같다. 가사를 찾아보니, 단순하면서도 예사롭지 않다는 생각이 들었다. 노래의 내용처럼 꽃이 피면 같이 웃고 꽃이 지면 같이 울어도 봄날은 가며, 별이 뜨면 서로 웃고 별이 지면 서로 울어도 봄날은 간다. 알뜰한 맹세나 실없는 기약, 얄궂은 노래에도 봄날은 간다. 우리네 인생이 그렇다.

이 노래가 80여 년의 인생을 물거품과 봄날의 꿈이라고 했던 보우의 열반송과 묘하게 오버랩 되었다. 짧다면 짧고 길다면 길다 할 수 있는 인생의 봄날은 모두 지나가고 이제 몸뚱이를 버리는 일만 남았다. 붉게 빛나던 해도 이미 서산으로 지고 있다. 열반의 노래에서 짙은 허무가 느껴진다. 〈봄날은 간다〉 3절에도 '열아홉 시절은 황혼 속에 슬퍼지더라'는 가사가 나온다. 당대 최고 선지식의 열반의 노래를 이처럼 허무하고 쓸쓸하게 해석할 수는 없는 일이다. 그가 남긴 시의 행간을 잘 헤아려서 삶과 죽음의 의미를 성찰해야 한다. 과연 이 시에는 어떤 메시지가 담겨 있을까?

먼저 드는 생각은 우리들이 봄날을 만끽하지도 못하면서 봄날은 간다고 노래하고 있는 것은 아닐까 하는 점이다. 그래서 묻고 싶은 것이다. 봄날을 제대로 즐겨본 적이 있는가 하고 말이다. 우리는 과연 따뜻한 봄날 활짝 핀 꽃처럼, 자신의 삶을 제대로 피워본 적이 있을까? 늘 바쁘다는 이유로 다음으로, 또 다음으로 미루면서 화려한 봄날을 보낸 것은 아닌지 모를 일이다. 〈벚꽃엔딩〉의 가사처럼 '봄바람 휘날리며 흩날리는 벚꽃 잎이 울려 퍼질 이 거리를' 사랑하는 가족과 걸어볼 여유도 없이 다음에 성공해서 여유가 생기면 즐기자고 생각한 것은 아닐까? 불확실한 미래를 위해 이렇게 아름다운 현재를 포기하면서 봄날이 간다고 푸념하는 것은 인생에 대한 예의가 아니다. 내게 주어진 봄날을 제대로 만끽하는 것이 우선이라는 뜻이다.

이처럼 자신의 봄날을 제대로 즐길 수 있다면, 봄날이 간다고 해서 슬퍼하거나 쓸쓸할 일은 없을 것 같다. 후회 없이 자신의 삶을 사랑했으니 말이다. 아쉬움이나 집착은 봄날을 만끽하지 못한 이들의 넋두리일 뿐이다. 주어진 봄날을 맘껏 즐긴 이들은 봄날이 가도 여전히 아름다운 법이다. 어쩌면 봄날이 간다는 소식은 무엇을 위한 것인지, 어디를 향하는지도 모른 채 바쁘게만 살아온 오늘의 우리에게 잠시 멈추라는 신호가 아닐까 싶다. 잠시 멈춰 서서 봄날이 가고 있으니, 이 봄이 가기 전에 맘껏 즐기라고 말하고 있는 것이다. 영화 〈죽은 시인의 사회〉의 대사로 유명한 카르페 디엠(Carpe diem), 즉 '현재를 즐기라'는 뜻과 같다 할 것이다. 이번 생은, 이번 봄은 단 한번뿐이기 때문이다. 그렇게 살아온 이들에게 서산의 붉은 낙조는 슬픔이 아니라 오히려 아름다움으로 다가온다. 보우의 〈태고암가〉에 있는 구절이다.

> "집착을 내려놓고 망상을 버리면, 그것이 곧 여래의 크고 원만한 깨달음이라네(放下着莫妄想 卽是如來大圓覺)."

봄날을 온전히 즐기는 이들에게는 집착과 망상이 비집고 들어올 틈이 없다. 아침 해가 뜨거나 저녁노을이 지더라도 온통 여래의 대원각(大圓覺)일 뿐이다. 크고 원만한 깨달음의 세계에는 슬픔이나 허무, 신세 한탄, 고통이란 단어가 없다. 그러니 봄날을 즐기고 내려놓으면 되는 일이다. 굉지정각 편에서 소개했던 서해진의 '너에게'라는 시를 다시 인용하면서 글을 마무리하는 이유다.

"내려놓으면 된다 / 구태여 네 마음을 괴롭히지 말거라 / 부는 바람이 예뻐 그 눈부심에 웃던 네가 아니었니 / 받아들이면 된다 / 지는 해를 깨우려 노력하지 말거라 / 너는 달빛에 더 아름답다."

봄날은 가도 너는 여전히 아름답다.

고향 가는 길

대중 속으로

"청산은 나를 보고 말없이 살라 하고 창공은 나를 보고 티 없이 살라 하네. 사랑도 벗어놓고 미움도 벗어놓고 물같이 바람같이 살다가 가라 하네."

나옹혜근(懶翁惠勤, 1320~1376)의 어록에는 없지만, 오래 전부터 그가 지은 것으로 알려진 시다. 이 시에 곡을 붙인 노래들이 오늘날까지 많은 이들에게 사랑을 받고 있다. 탐욕과 성냄, 사랑과 미움으로 얼룩진 복잡한 세속을 떠나 바람처럼 물처럼 살고 싶은 마음이 담긴 노래다. 특히 도시생활에 지쳐 '자연인'을 꿈꾸는 이들에게 이 시는 위로가 되어주기도 한다. 그렇다면 이 시의 주인공인 나옹은 과연 물처럼 바람처럼 자유롭게 살았을까?

나옹은 경북 영해(寧海) 출신으로 속명은 아원혜(牙元惠), 호는 강월헌(江月軒)이다. 어려서부터 출가에 뜻을 두었으나, 부모의 반대로 이루지 못한다. 그런데 스무 살 무렵 가까운 벗이 죽는 모습을 보고 그는 큰 충격을 받게 된다. 삶과 죽음이라는 실존적 고민에 빠진 나옹은 만나는 사람들마다 죽으면 어디로 가는지 물어보았다. 하지만 돌아온 것은 모른다는 대답뿐이었다. 그는 이 해답을 찾기 위해 공덕산 묘적암(妙寂庵)에 주석하고 있던 요연(了然) 선사에게 나아가 출가를 청한다. 그때 요연이 무엇 때문에 삭발하느냐고 묻자 나옹은 이렇게 답한다.

"삼계를 벗어나 중생을 이롭게 하고자 합니다."

친구의 죽음을 보고 출가한 사문과는 어울리지 않는 대답 같지만, 실은 그렇지 않다. 그는 벗의 죽음을 통해 삼계의 고통을 맛보고 이로부터 벗어나기 위해 출가를 결심한다. 대개 위대한 종교가들은 이러한 실존적 고뇌를 느끼고 이 문제를 해결하고자 종교에 귀의한다. 붓다 역시 사문유관(四門遊觀)을 통해 생로병사(生老病死)에 대한 문제의식을 느끼고 출가하였다. 그리고 치열한 수행 끝에 그 문제를 해결하고 고통에서 벗어날 수 있었다. 붓다는 여기에서 그치지 않고 자신이 깨친 진리를 중생들에게 전하기 위해 45년 동안 고군분투하였다. 나옹 역시 출가를 통해 자신의 문제를 해결하고 평생 동안 중생을 위한 삶으로 일관하였다. 그러니까 삼계를 벗

어나 중생을 이롭게 하겠다는 대답은 불교의 본질이 어디에 있는지를 여실히 보여주고 있는 것이다. "온 세상이 고통 속에 있으니, 내가 마땅히 평안하게 하리라(三界皆苦 吾當安之)."는 붓다의 탄생게와 뜻이 통한다 할 것이다.

간절한 발심(發心)을 하고 출가한 만큼 그는 치열하게 정진을 이어갔다. 그래서 한 소식 깨치는 체험을 했지만, 이에 만족하지 않고 중국으로 건너가 자신의 공부를 점검하는 기회로 삼는다. 그는 지공화상(指空和尙)의 문하에서 10년간 수행한 끝에 인가를 받았으며, 임제종을 대표하는 평산처림(平山處林, 1279~1361)에게도 인가를 받게 된다. 특히 지공은 서천 108조라 불리는 석가족 출신의 승려로 우리나라에 많은 영향을 끼친 인물이다. 그는 석가모니 붓다의 화신으로 추앙받을 만큼 당시 고려의 민중들에게 특별한 존재로 인식되었다. 그런 지공에게서 인가를 받고 돌아왔으니, 나옹은 그 자체로 엄청난 프리미엄을 얻게 된 셈이다.

나옹이 귀국하자 공민왕은 그를 극진히 모시고 왕사(王師)로 추대한다. 하지만 나옹은 왕사니 국사니 하는 자리에 연연하지 않고 출가할 때 발심한 것처럼 자신이 깨친 진리를 중생들을 위해 회향하는 삶으로 일관한다. 그는 선사이면서도 대중들이 불교를 쉽게 접근할 수 있도록 정토신앙과 염불을 강조하였다. 특히 염불수행을 통해 정토왕생을 바라는 〈서왕가(西往歌)〉와 같은 불교 가사를 지어 사람들에게 널리 보급하기도 하였다. 우리나라에 나옹이 지었다고 전해지는 사찰이 많고 그와 관련된 여러 설화가 남아 있는 것은 그만큼 나옹이 대중 속으로 들어가 불법을 전했다는 의미가 된다.

그는 중생들을 위한 삶을 살다가 여주 신륵사(神勒寺)에서 입적하게 되는데, 당시 오색구름이 산꼭대기를 가득 덮였으며, 신비한 광채가 일어났다고 전한다. 이뿐만 아니라 그가 타고 다니던 말은 3일 전부터 슬피 울면서 아무 것도 먹지 않았다고 한다. 다비식이 끝나고 수많은 사리가 나오자 많은 이들이 집으로 가져가 모셨으며, 나옹이 살아있을 때보다 더욱 추앙하게 되었다고 역사는 말하고 있다. 다음은 그가 남긴 열반의 노래다.

"칠십팔 년 고향으로 돌아가나니, 천지산하 온 우주가 다 고향이네. 삼라만상 모든 것은 내가 만들었으니, 모든 것이 본래 참 고향이네(七十八年歸故鄕 天地山河盡十方 刹刹塵塵皆我造 頭頭物物本眞鄕)."

고향은 어디에?

나옹은 한국불교에서 특별한 의미를 지니는 선사다. 그는 앞서 언급한 스승 지공과 제자인 무학자초(無學自超, 1327~1405)와 함께 증명법사(證明法師)로서 오늘날까지 추앙의 대상이 되고 있기 때문이다. 잘 알려진 것처럼, 무학은 이성계를 도와 조선을 건국하는 데 중요한 역할을 한 인물이다. 증명법사란 사찰을 세우거나 불교의식을 행할 때 불법(佛法)에 부합함을 증명하는 진리의 스승이라는 뜻이다. 나옹이 한국불교에서 어떠한 권위와 위상을 갖는지를 알 수 있는 대목이라 할 것이다. 절에서 흔히 볼 수 있는 삼성각(三聖閣)에는 대개 산신(山神)과 칠성(七星), 나반존자가 모셔져 있다. 하지만 이곳은 본래 세 명의 성인, 즉 지공과 나옹, 무학을 모신 전각이라는 주장도 있다. 실제로 삼성각에 이들을 모신 도량도 있다. 불보사찰 통도사가 대표적이다. 나옹은 조선시대에 들어와서 석가모니불 후신으로 추앙 받게 되는데, 그럴만한 이유가 있었던 셈이다.

나옹의 열반송을 읽으면서 문득 종교란 무엇일까를 생각해 보았다. 종교란 타향살이를 청산하고 마음의 고향을 찾아 떠나는 여정이라 느낄 때가 많다. 코로나19의 영향으로 이전만은 못하지만, 지금도 여전히 명절이 되면 많은 사람들이 고향을 찾는다. 고속도로의 정체로 5~6시간 이상 걸리는데도 고향을 찾는 이유는 무엇일까? 그곳에는 타향살이에 지친 자식들을 따뜻하게 맞아주는 부모님이 계시기 때문이다. 그래서 고향으로 오는 길이 아무리 힘들어도 어머니가 해주는 밥 한 그릇이면 모든 피로가 풀리고 만다. 고향은 집 나간 아들, 딸이 돌아오면 언제든 넓은 가슴으로 모든 것을 품어주는 그런 곳이다.

요즘 오래 전 막을 내린 드라마 〈전원일기〉가 사람들 사이에서 회자되고 있다. 그때 출연했던 배우들이 다시 소환될 정도로 인기가 높다. 이 드라마는 1980년부터 2002년까지 20년이 넘도록 시청자들의 많은 사랑을 받았는데, 그 이유는 어디에 있을까? 임팩트가 있는 드라마도 아닌데 말이다. 아마 많은 사람들이 그리워하는 원초적 향수를 건드렸기 때문이 아닐까 싶다. 그때나 지금이나 타향살이에 지치게 되면 누구나 할 것 없이 고향으로 돌아가고 싶은 마음이 생긴다. 드라마 속 금동이와 귀동이도 도시 생활을 청산하고 고향인 양촌리로 돌아와 마음의 평안을 찾는다.

타향살이의 고통 속에 있는 나그네가 중생이라면, 고향은 불성(佛性)에 비유할 수 있다. 그러니까 불교는 불성의 고향으로 돌아가는 여정인 셈이다. 모든 것을 넉넉하게 갖추고 있는 마음의 고향으로 돌아가면 타향에서 겪었던 온갖 고통과 상처들이 치유된다. 그래서 불교라는 배를 타고 즐거움이 가득한 열반의 고향으로 향하는 것이다. 많은 이들이 불교에 귀의하는 이유도 바로 여기에 있다.

그런데 나옹은 열반송에서 불성의 고향을 이야기하면서 천지산하 온 우주가 고향이라고 말한다. 이는 고향이라고 부를만한 특별한 공간이 없다는 뜻이다. 타향이 고향이고 고향이 타향이 되는 것이다. 왜 그럴까? 우리가 괴롭다고 생각하는 번뇌 가득한 공간이 사실은 진리의 공간이기 때문이다. 번뇌즉보리(煩惱卽菩提)란 이를 두고 한 말이다. 그러니 지금 겪고 있는 괴로운 현실에서 도피하여 특별한 공간을 찾을 것이 아니라, 바로 여기에서 고통을 소멸시키고 행복의 꽃을 피우라는 뜻이다. 불교를 상징하는 청정하고 아름다운 연꽃이 의지하고 있는 바탕도 결국 세속으로 상징되는 진흙이 아니던가. 흔히 하는 얘기처럼 허공에서는 연꽃을 피울 수가 없는 법이다.

우리는 힘들고 괴로운 일이 생기지 않기를 바라면서 살아간다. 혹여 어려운 상황이 오더라도 피할 생각부터 먼저 한다. 하지만 나옹과 같은 눈뜬 선지식들은 고통스러운 그 자리가 바로 즐겁고 행복한 자리라고 말한다. 그러니 눈을 돌리지 말고 정면으로 직시하라고 한다. 그러면 그곳이 곧 열반의 고향, 불성의 고향이라는 실상을 알 수 있다고 한다. 주변에서 누군가 힘들어할 때 전해주는 구상 시인의 〈우음(偶吟) 2장〉이란 시가 있다. 우음이란 문득 떠오르는 생각을 시로 읊었다는 뜻이다.

"앉은 자리가 꽃자리니라! 네가 시방 가시방석처럼 여기는 너의 앉은 그 자리가 바로 꽃자리니라."

한때 '꽃길만 걸으세요'라는 인사말이 유행한 적이 있다. 그런데 시인은 내가 걷고 있는 가시밭길이 바로 꽃길이라고 말한다. 그러니 피하거나 외면하지 말라는 것이다. 내가 앉아 있는 자리를 가시방석으로 만들지, 아니면 꽃자리로 만들지, 그리고 내가 지금 살고 있는 이곳을 타향으로 만들 것인지, 고향으로 만들 것인지는 진부하게 들릴지 몰라도 모두 나에게 달린 문제다. 나옹의 지적처럼 삼라만상 모든 것은 내가 만들기 때문이다. 특별한 고향은 없다. 내가 서있는 이곳이 참 고향(眞鄕)이다.

25. 함허기화(涵虛己和)

영원한 지금

배불론에 맞서

"천겁이 지났어도 옛일이 아니며, 만세를 펼쳐도 영원한 지금
일세(歷千劫而不古 亘萬歲而長今)."

해인사를 비롯하여 내장사, 태안사 등 여러 사찰 일주문 주련에
나오는 내용이다. 아마 일주문 주련으로 가장 많이 쓰이는 게송이
지 않을까 싶다. 필자가 몸담고 있는 불교대학 큰법당 주련도 이
구절로 장엄되어 있다. 개인적으로 좋아하는 내용이라 사심을 조
금 담아보았다. 이 시를 처음 접한 것은 대학 시절 스승님 연구실
에서였다. 스승님은 책상에 이 글귀를 써놓고 자주 음미하곤 하셨
는데, 내용이 궁금해서 여쭤본 적이 있다. 나중에야 이것이 함허기
화(涵虛己和, 1376~1433)의 글이라는 것을 알고 관심을 갖게 되었다.

우리는 보통 지나간 시간을 과거라 하고 아직 오지 않은 시간을 미래라 하는데, 그는 왜 모두를 '영원한 지금(長今, Eternal now)'이라 했을까?

기화는 속성이 유(劉) 씨며, 본관은 충북 충주다. 법호는 득통(得通)이며 흔히 부르는 함허(涵虛)는 당호, 즉 그가 거처하던 방의 이름이다. 그의 법명과 호에 관한 흥미로운 이야기가 지금까지 전해지고 있다. 그가 13세 때 오대산 영감암(靈鑑菴)에서 나옹혜근의 제사를 지내고 이틀 정도 머문 적이 있었다. 그런데 꿈에 어떤 신승(神僧)이 나타나서 '너의 이름은 기화라 하고 호는 득통이라 하라'고 했다는 것이다.

그는 어린 시절부터 성균관에서 유학을 공부했으나, 21살 때 가까운 벗이 죽는 모습을 보고 큰 충격을 받는다. 앞선 글들에서 몇 번 언급한 것처럼 낯선 경험은 잠자고 있던 삶(生)을 일깨우는(覺) 힘을 가지고 있다. 기화는 죽음이라는 낯선 만남을 통해 삶이란 영원한 것이 아니라 무상하다는 사실에 눈을 뜨게 된다. 마침내 그는 세속적인 명리를 위한 공부를 그만두고 관악산 의상암(義相庵)에서 출가를 한다. 그리고 치열한 정진 끝에 깨달음을 얻고 조선 건국에 중요한 역할을 하는 무학자초의 제자가 되어 그의 법을 잇는다.

잘 알려진 것처럼 그가 활동하던 때는 시대적 전환기였다. 불교가 국교인 고려가 멸망하고 성리학을 이념으로 하는 조선이 건국됨으로써 불교계는 엄청난 탄압과 수난을 감내해야 했다. 불교를 억압하는 데 가장 앞장섰던 인물이 다름 아닌 조선을 유학의 나라로 설계한 정도전(鄭道傳, 1342~98)이다. 특히 그는 『불씨잡변(佛氏雜辨)』을 저술하여 불교를 이론적으로 공격하였다. 새로운 국가 이념을 세우기 위해서 기존의 가치체계를 비판하는 것은 인정할 수 있지만, 정도전의 불교 비판은 수용하기 힘들만큼 억지와 비약으로 넘쳐났다. 당시 불교계는 이러한 공격에 속수무책이었다. 이때 그들의 공격을 온몸으로 막아내고 불교를 지켜낸 인물이 바로 기화였다. 그는 『현정론(顯正論)』을 저술하여 불교 비판의 부당함을 체계적이고 논리적으로 방어하고 끊어질 것 같았던 불교의 전통을 지켜낸 선사다. 우리가 그를 기억해야 할 이유도 바로 여기에 있다.

한쪽이 공격하고 다른 쪽에서 방어하다 보면, 그 과정에서 자연스럽게 둘 사이가 비교되기 마련이다. 유학의 공격과 불교의 방어 과정에서도 이런 현상이 나타난다. 여기에 도가사상까지 합류하여 유불도(儒佛道) 삼교가 비교되고 이 셋이 비록 내용은 다르지만 높은 차원에서 통할 수 있다는 새로운 흐름이 형성된다. 이른바 삼교회통(三敎會通)이 그것이다. 이러한 시대적 흐름을 주도한 인물이 바로 기화다. 이러한 경향은 휴정에게 이어지는데, 알려진 것처럼 그는 『선가귀감(禪家龜鑑)』과 『유가귀감(儒家龜鑑)』, 『도가귀감(道家龜鑑)』을 저술하여 유불도 삼교가 본질적인 측면에서 서로 통할 수 있음을 드러내기도 하였다.

기화는 『금강경오가해설의(金剛經五家解說誼)』라는 책을 출간한 것으로 많이 알려져 있다. 이 책은 〈금강경〉에 대한 오가(五家)의

해석에 서문과 설명을 덧붙인 저술이다. 처음 소개한 과거와 미래 모두 영원한 지금이라는 구절은 이 책 서문에 나오는 내용이다. 오늘날 〈금강경〉은 대한불교조계종의 소의경전으로 많은 불자들의 사랑을 받고 있는 경전인데, 기화의 영향이 작지 않다 할 것이다.

그는 구산선문 가운데 희양산문(曦陽山門)의 중심 사찰인 봉암사(鳳巖寺)에서 입적하게 된다. 봉암사는 부처님오신날 하루만 개방하고 평일에는 산문을 굳게 닫은 채 수행정진을 이어가고 있는 도량이다. 그는 이곳에서 대중들에게 다음과 같은 열반송을 남기고 고요 속으로 들었다.

> "고요하고 공적하여 본래 한 물건도 없으나, 신령스런 빛이 밝고 밝아 온 세상에 뚜렷하네. 다시는 몸과 마음이 생사를 받을 일 없으나, 오고 감에 걸릴 것이 없다네. 나아가려다 눈을 뜨니 온 세상이 뚜렷하고, 없는 가운데 길이 있으니 그곳이 서방극락이라네(湛然空寂本無一物 靈光赫赫洞徹十方 更無身心受彼生死 去來往復也無罣碍 臨行擧目十方碧落 無中有路西方極樂)."

장금이의 꿈

선(禪)의 생명은 마음을 깨치는 데 있다. 그런데 진리를 깨친 선사들은 그 마음을 언어로 표현할 수 없다고 말한다. 비록 '마음이 부처(心卽佛)'라거나, 혹은 '한 물건(一物)'이니 하면서 그 세계를 전

해주고 있지만, 이는 깨치지 못한 중생들을 위한 방편일 뿐이다. 선어록에 '마지못해 말한다(强曰)'는 표현이 많이 등장하는 이유다. 따라서 선사들의 언어는 표현의 한계를 염두에 두고 읽어야 한다. 언어로 표현된 것을 보고 모두 알았다는 지적(知的) 교만을 경계해야 한다는 뜻이다.

선사들은 중생들이 마음의 세계를 이해할 수 있도록 본체와 작용이라는 두 가지 방식으로 설명하기도 한다. 마음의 본체는 텅 비어 고요한(空寂) 바탕이지만, 그것은 동시에 모든 것을 환히 비출 수 있는 신령스러운 앎(靈知)이 작동하고 있다는 것이다. 지눌이나 휴정 등을 비롯하여 수많은 선사들도 마음을 이처럼 공적영지(空寂靈知)한 바탕이라고 파악하였다. 기화 역시 우리들에게 그 마음의 세계를 체용(體用)의 논리를 통해 전해주고 있다. 열반송의 내용처럼 마음은 공적(空寂)하여 본래 한 물건도 없으나, 신령스런 빛(靈光)이 밝고 밝아 온 세상에 뚜렷하게 비치고 있다. 여기에서 영광은 곧 영지를 가리킨다.

이처럼 마음을 공적하면서도 영지한 바탕이라고 말하는 이유는 어디에 있을까? 그것은 바로 공적과 영지 어느 한쪽만을 강조하게 되면 치우친 수행이 나올 수 있기 때문이다. 선정과 지혜를 함께 닦는 정혜쌍수(定慧雙修)는 마음에 대한 바른 이해에서 나오는 실천체계다. 여기에서 정(定)은 마음의 공적한 바탕이며, 혜(慧)는 영지한 측면을 가리킨다. 한마디로 공적영지한 마음의 이해에서 선정과 지혜가 조화를 이루는 수행체계가 나오는 것이다.

만약 이 둘이 조화를 이루지 못하고 한쪽으로 치우치게 되면 어떤 일이 일어날까? 선사들은 '어리석은 선(癡禪)'과 '미친 선(狂禪)'이라는 두 가지 병을 지적한다. 먼저 치선에 빠지게 되면 마음의 고요한 측면만 강조하면서 아무 일도 하지 않고 허송세월만 보내는 폐단이 생긴다. 반대로 광선에 빠지면 모든 활동이 불성(佛性)의 작용이라는 말만 믿고 계율을 가볍게 여길 수 있다. 막행막식은 여기에서 나오는 심각한 부작용이다. 이처럼 '어리석거나 미친' 수행의 폐해를 막기 위해 선사들은 정혜쌍수를 주장한 것이다. 마음에 대한 바른 이해에서 바른 수행이 나오는 법이다.

　이처럼 공적영지한 바탕을 깨치게 되면 윤회하는 세계로부터 벗어나기 때문에 열반송에서 지적하는 것처럼 생사(生死)를 받는 일은 없다. 하지만 기화는 아무런 걸림 없이 이 세상을 오고 갈 수 있다고 하였다. 왜냐하면 중생들과 아픔을 같이 하면서 진리의 세계를 전해주고자 했기 때문이다. 그가 전하고자 했던 서방의 극락세계는 다름 아닌 '없는 가운데 길이 있는(無中有路)' 그런 곳이다. 공적하기 때문에 없다고 한 것이며, 바로 그곳에 모든 것을 환히 밝혀주는 파라다이스의 길이 있는 것이다. 평생을 무소유의 삶으로 일관했던 법정은 이를 '텅 빈 충만'으로 표현하였다. 극락의 세계는 이처럼 텅 비었으면서도 지혜의 빛으로 충만한 곳이다.

　우리들이 꿈꾸는 정토가 텅 빈 충만의 공간이라면, 시간적으로는 어떤 모습일까? 앞서 언급한 것처럼 기화는 과거와 현재, 미래 모두를 영원한 지금(長今)으로 압축하고 있다. 그가 천겁 전의 일을 과거라 하지 않고, 만세 후의 일을 미래가 아니라 영원한 지금이라고 말한 이유도 여기에 있다. 사람들에게 많은 사랑을 받은 〈대장금〉이라는 드라마가 있다. 여기에서 주인공인 장금은 수라간 궁녀일 때는 누군가 자신의 음식을 맛있게 먹기만을 바라면서 요리를 했으며, 내의원 의녀일 때는 아픈 병자를 위한다는 생각만으로 치료에 임했다. 드라마에는 과거에 빼앗긴 부와 권력을 미래에 되찾기 위해 음식이나 약에 독을 넣는 사람들도 등장한다. 하지만 장금은 과거와 미래에 마음을 빼앗기지 않고 현재에만 충실했다. 그것이 곧 단순하게 음식을 만들고 단순하게 아픈 환차를 치료하는 행위로 나타났던 것이다. 선(禪)은 단순(單)하게 보는(示) 것이며, 곧 영원한 지금을 사는 일이다. 장금(長今)은 이를 상징적으로 보여주고 있다.

우리들 일상에서 영원한 지금으로 살기는 쉽지 않은 일이다. 과거에 대한 집착과 미래에 대한 불안감이 작동하면서 현재의 삶을 끊임없이 방해하기 때문이다. 그래서 기화를 비롯한 눈뜬 선지식의 가르침을 통해 현재의 자신을 '있는 그대로' 성찰하는 일이 필요하다. 우리가 불교를 공부하는 이유이기도 하다. 장금이의 꿈, 그것은 영원한 지금을 사는 일이다. 그곳에 극락이 있다.

자신을 사랑하라

호국의 이름으로

한국불교의 특징을 호국불교에서 찾는 사람들이 많다. 나라에 외적이 침입하는 등의 위급한 상황이 닥쳤을 때 불교에 의지해서 극복한 사례가 많기 때문이다. 이를 상징적으로 보여주는 것이 임진왜란 때의 승병 활동이다. 답사를 다니다 보면 호국사찰이라는 이름의 도량을 적지 않게 볼 수 있는데, 대부분 임진왜란 때의 상흔을 안고 있는 곳이다. 당시 승병을 조직하여 전쟁을 승리로 이끈 인물이 바로 청허휴정(清虛休靜, 1520~1604)이다. 그에게 있어서 국가란 과연 어떤 의미였을까?

휴정은 평안도 안주(安州) 출신으로 속명은 최여신(崔汝信)이며, 자는 현응(玄應)이다. 사람들이 알고 있는 서산대사(西山大師)는 그가 묘향산에 오래 머물렀기 때문에 붙여진 이름이다. 서산은 묘향산의 또 다른 이름이다. 휴정은 어린 나이에 부모를 모두 잃게 되는데, 평소 그의 시재(詩才)를 아끼던 안주 목사가 한양으로 데리고 와서 공부를 시킨다. 그는 12세에 성균관에 입학하여 3년 동안 글 공부와 무예를 함께 익히고 15세에 과거시험을 보지만 낙방을 하고 만다. 처음으로 인생의 쓴 맛을 보게 된 것이다.

그가 불교와 인연을 맺은 것은 바로 이 시절이다. 휴정은 낙방 이후 상실감을 달래기 위해 지리산을 유람하게 되는데, 그때 숭인 장로(崇仁長老)를 만나 심공급제(心空及第), 그러니까 마음(心)을 텅 비우는(空) 것이 참다운 급제라는 말을 듣게 된다. 세속적인 명예와 이익을 위한 공부가 아니라 마음을 깨치기 위한 공부가 중요하다는 뜻이다. 그는 명리(名利)를 위해 과거시험에 집착했던 자신을 돌아보고 진정한 급제가 무엇인지 알게 되었다. 이를 계기로 그는 돈과 정치적 배경이 없어서 시험에 낙방했다는 자괴감에서 벗어날 수 있었다. 당시는 실력이 뛰어나도 뒷배가 없으면 합격할 수 없을 정도로 부정부패가 심각했는데, 휴정은 자신이 불의(不義)한 시대의 피해자라고 생각했던 것이다.

그는 세속적 욕망을 털어버리고 『화엄경』과 『원각경』, 『전등록』 등의 경전을 공부하면서 새로운 세계에 눈을 뜨고 마침내 출가를 하게 된다. 그리고 당대를 대표하는 선지식인 부용영관(芙蓉靈觀, 1485~1571)으로부터 인가를 받았을 뿐만 아니라 30세에는 승과에 응시하여 합격하기에 이른다. 유학을 숭상하고 불교를 탄압하던 조선시대에 승과가 부활한 것은 주목할 만한 일이다. 이 시험에

서 휴정과 유정(惟政, 1544~1610)을 비롯한 뛰어난 인재들이 합격하고 불교계를 주도하게 되는데, 그들이 바로 임진왜란을 승리로 이끈 주역이기 때문이다.

그는 승과에 합격하고 대선(大選)을 거쳐 선교양종판사(禪敎兩宗判事)에 오르기도 한다. 이러한 승직이 수행자의 본분이 아니라고 생각한 휴정은 금강산과 묘향산 등을 유행하면서 정진을 이어간다. 그러나 임진왜란이 일어나면서 그는 새로운 상황을 맞이하게 된다. 당시 선조는 묘향산에 있던 휴정을 불러 나라를 구할 방도를 묻는다. 휴정은 72세라는 나이에도 불구하고 바람 앞의 등불에 처한 나라를 구하기 위해 '전국의 승려들이여, 일어나라!'는 격문을 돌린다. 그리고 잘 알려진 것처럼 휴정을 중심으로 굳게 뭉친 승병들은 왜군을 몰아내고 전쟁을 승리로 이끄는 데 결정적인 역할을 하게 된다. 휴정이 지금까지 호국(護國)의 상징으로 많은 이들의 칭송을 받고 있는 이유다.

여기에서 호국의 의미를 불교적인 시각에서 해석할 필요가 있다. 물론 휴정이 임진왜란 때 승병을 조직하여 구한 곳은 자신이 태어나고 자란 조국이지만, 불자(佛子)에게 이 나라(國)는 부처님의 땅(佛國土)이자 정토(淨土)이기 때문이다. 내가 살고 있는 현실이 곧 정토라는 현실정토(現實淨土) 사상이 근간을 이루고 있는 것이다. 미륵정토는 죽은 다음에 태어나거나, 56억 7천만년 후에 오는 세계가 아니라 내가 서있는 '지금, 여기'라는 뜻이다. 따라서 누군가 불국토를 침입하여 더럽힌다면 붓다의 아들이자 제자로서 목숨을 다해 이 땅을 지켜야 한다. 임진왜란 당시 휴정을 비롯한 승병들이 지키고자 했던 조국은 곧 부처님의 땅이었던 것이다.

전란이 끝나갈 무렵 휴정은 제자인 유정과 처영(處英)에게 승병에 관한 모든 일을 맡기고 묘향산 원적암(圓寂庵)으로 들어가 삶의 마지막을 준비한다. 그는 진리를 깨친 고승답게 자신이 떠날 것을 미리 알고 있었다. 휴정은 목욕재계한 후에 가사를 단정히 하고 대중들에게 마지막 설법을 한다. 설법을 마친 그는 자신의 영정(影幀) 뒷면에 한 편의 짧은 시를 쓰고 단정히 앉은 채 고요 속으로 떠난다.

> "80년 전에는 그가 나이더니 80년 후에는 내가 그이구나(八十年前渠是我 八十年後我是渠)."

자신을 사랑하는 길

휴정의 임종게는 짧지만 우리에게 많은 생각거리를 안겨주고 있다. 문득 낡고 오래된 앨범 속의 자신을 바라보면서 과거를 회상하는 어느 80대 노인의 모습이 그려졌다. 속으로 '나도 이렇게 젊은 시절이 있었는데' 하면서 입가에 엷은 미소가 일어난다. 미소라고는 하지만 그것은 지나간 세월에 대한 아쉬움이 짙게 담긴 우울한 미소다. 과연 그때의 내가 진정한 나일까, 아니면 지금의 내가 진짜 나일까? 휴정은 80년 전에는 그가 나라고 했는데, 지금은 내가 그대라는 마지막 선어(禪語)를 남겼다. 어찌 그 마음의 깊이를 쉬이 헤아릴 수 있겠는가. 그럼에도 불구하고 중생의 실존이라는 관점에서 보면 작지 않은 의미로 다가온다.

평소 나 역시 기성세대라는 사실을 잊고 살 때가 많다. 소위 MZ세대라 불리는 이들에게 꼰대 소리 듣지 않으려고 나름 애쓴다고 생각하지만, 이따금씩 한계를 느끼곤 한다. 게임을 좋아하지 않아서 할 줄도 모르고 아이돌 가수의 음악은 귀에 들어오지 않는다. 이런 것이 세대 차이라는 것을 재삼 확인할 뿐이다. 지난해에는 세계적으로 가장 뜨거운 방탄소년단(BTS)의 음악을 이해해보려고 한곡을 계속해서 들어보기도 하였다. 나 자신을 사랑하자는 의미의 〈Love myself〉라는 곡이다. 한 달 가까이 매일 들은 것 같다. 그들의 음악을 들으면서 왜 전 세계 젊은이들이 BTS에게 열광하는지 조금은 이해할 수 있었다. 음악의 멜로디와 가사에 담긴 내용이 젊은 세대의 아픔과 공감하면서도 설득력 있게 대안을 제시하고 있었다. 내가 바라본 방탄소년단은 자신들만의 철학을 가지고 음악을 하는 아티스트였다. 가사에 있는 내용 일부를 소개해본다.

"어제의 나, 오늘의 나, 내일의 나. I'm learning how to love myself. 빠짐없이 남김없이 모두 다 나… 왜 자꾸만 감추려고만 해, 니 가면 속으로…내 안에는 여전히 서툰 내가 있지만 You've shown me I have reasons I should love myself…내 실수로 생긴 흉터까지 다 내 별자린데."

이 가사를 들으면서 나도 모르게 '와!' 하는 탄성이 절로 나왔다. 앞으로 그려질 내일의 나뿐만 아니라 비록 흉터로 가득하지만 어제와 오늘의 나 모두를 사랑하라는 메시지에 공감이 되었기 때문이다. 몇 해 전부터 고등학생을 대상으로 인문학 특강을 하고 있는데, 지난해에는 마지막 시간에 이 노래를 들려주면서 마무리를 하였다. 자신을 사랑하는 청소년이 되기를 바라는 방탄소년단의 마음을 전하고 싶었던 것이다. 실제로 비참한 현실에 절망해서 목숨을 끊으려 했다가 그들의 노래를 듣고 용기를 얻었다는 이야기도 심심치 않게 들려온다. BTS의 노래에는 한 사람, 아니 수많은 목숨을 살리는 좋은 에너지가 담겨 있었던 것이다.

부모들은 자식들에게 자신들이 바라는 미래의 모습을 강조하는 경향이 있다. 꿈과 희망이라는 그럴싸한 명분을 가지고 말이다. 과거와 현재의 나보다 미래의 자신이 중요하다는 것이다. 상처로 얼룩진 어제의 나와 고통 속에 있는 현재의 나는 잊어도 되는 대상이다. 이는 곧 삶의 중심이 과거나 현재가 아니라 미래에 있다는 것을 의미한다. 당연히 사랑해야 될 대상도 과거나 현재보다도 미래의 나에게 집중된다. 대학만 들어가면 된다고 말하는 부모의 속내가 아닐까 싶다.

그런데 방탄소년단은 이러한 기성세대의 생각을 정면으로 부정한다. 누군가의 눈에는 형편없이 보일지 몰라도 나의 실수와 잘못으로 생긴 흉터까지도 모두 빛나는 나의 소중한 별자리다. 그렇기 때문에 가면 속으로 감추려고만 하지 말고 당당하게 드러내고 자신을 사랑하라는 것이다. 학창시절은 그처럼 서툰 과거와 현재의 나 자신을 사랑하는 방법을 배우는 시간이다. 다만 아이들의 미래에만 마음이 가 있는 어른들의 눈에는 그것이 보이지 않을 뿐이다.

휴정은 노구의 몸을 이끌고 왜구로부터 이 땅을 지켜냈다. 그것은 조국과 불국정토를 사랑하는 마음이 간절했기 때문이다. 그리고 80년 전과 80년 후 자신을 노래하면서 이승을 떠났다. 그때도 휴정이었고 열반에 이른 지금도 모두 휴정이었다. 한마디로 공간적으로는 자신의 조국과 불국토를, 시간적으로는 과거와 현재, 미래의 자신 모두를 정열적으로 사랑한 선사였던 것이다. 휴정의 게송 속에서 BTS의 노래가 오버랩 되는 이유이기도 하다.

지금도 여전히 자신을 사랑하지 못해 힘들어하는 사람들이 많다. 휴정의 시와 방탄소년단의 노래가 그들에게 용기가 되었으면 하는 바람이다. 과거와 현재, 미래의 나 모두 따뜻하게 보듬어야 할 대상이다. 그 모두가 나이니까 말이다. 만추가 깊어지고 있다. 겨울이 오기 전 94살까지 손에서 청진기를 놓지 않고 무료진료에 힘썼던 한원주 박사의 마지막 인사를 전하고 싶다.

"힘내라. 가을이다. 사랑해."

27. 진묵일옥(震黙一玉)

붓다의 그림자

효의 아이콘

조선시대 유학자들이 불교를 비판할 때 단골 메뉴처럼 하는 말이 불교는 '무부무군지교(無父無君之敎)', 그러니까 부모와 국가로 상징되는 임금을 부정하는 가르침이라는 것이다. 승려들이 출가(出家)를 하고 세속적인 것을 멀리하는 모습에서 그런 말이 나온 것 같다. 부모가 출가한 자식을 찾아 절에 갔을 때 고개를 돌리고 외면하는 모습을 불교 영화에서 가끔 볼 수 있다. 이 역시 세속과 인연을 끊어야 깨달음에 이를 수 있다는 것을 보여주는 장면이라 할 것이다. 그래서 불교에서는 효(孝)의 가치를 경시한다고 오해하는 경우가 있는데, 사실은 그렇지 않다. 오히려 불교는 사은(四恩)이라고 해서 중생과 부모, 스승, 국토에 대한 은혜를 중시한다. 특히 부모는 지금의 나를 있게 해준 직접적인 인연이기 때문에 효(孝)는 아무리 강조해도 지나치지 않는다. 이번에 살펴볼 진묵일옥(震默一玉, 1562~1633)은 어머니에 대한 효성이 지극한 것으로 알려진 인물이다. 그에게 효란 과연 어떤 의미일까?

진묵은 임진왜란의 주역인 휴정과 유정의 그늘에 가려 많이 알려지지 않았지만, 한국불교사에서 결코 간과해서는 안 될 인물이다. 휴정이 승병을 조직하여 전란을 승리로 이끌었다면, 진묵은 전쟁의 폐허 속에서 신음하고 있는 중생들 속으로 들어가 보살행을 실천하였다. 그는 지평선으로 유명한 전북 김제시 만경(萬頃)에서 태어났다. 당시 그가 태어난 곳을 불거촌(佛居村)이라 불렀는데, 글자 그대로 붓다가 머무는 마을이라는 뜻이다. 마치 원효가 태어난 곳이 불지촌(佛地村)인 것과 묘한 대조를 이룬다. 그만큼 진묵이 붓다와 같이 위대한 삶을 살았다는 방증이라 할 것이다. 어린 시절부터 그는 파와 마늘, 비린 음식 등을 먹지 않았으며 지혜롭고 자비로운 성품을 지니고 있었기 때문에 마을 사람들은 '불거촌에서 붓다가 태어났다'는 말을 자주 했다고 전한다.

어린 붓다는 일곱 살 때 지금의 완주 서방산(西方山)에 자리한 봉서사(鳳棲寺)로 출가하여 경전을 공부하는데, 그가 어떤 인물인지 보여주는 일화가 지금까지 전하고 있다. 언젠가 이 절의 주지가 그에게 신장단(神將壇)에 향불을 사르는 소임을 맡겼다. 그런데 주지는 꿈속에서 신장들에게 꾸지람을 듣게 된다. 자신들은 붓다를 호위하는 신장인데, 어떻게 붓다에게 봉향(奉香)하는 일을 시킬 수 있느냐는 것이었다. 진묵은 붓다이니 다시는 그분에게 향 올리는 일

을 시키지 말라는 뜻이다. 이 일이 있은 후부터 사람들은 붓다가 이 땅에 오셨다고 칭송을 아끼지 않았다. 이 지역 대중들에게 진묵은 살아 있는 붓다였던 것이다.

전북 지역에는 진묵과 관련된 일화나 기행 등이 많이 전해지고 있다. 이는 당시의 대중들에게 영향력이 컸다는 것을 의미한다. 특히 어머니의 효성에 관한 일화가 인상적이다. 그가 일출암(日出庵)에 주석하고 있을 때 어머니를 인근의 왜막촌(倭幕村)에서 모시고 있었는데, 당시 이곳에 모기가 많아서 어머니가 무척 힘들어하였다. 이를 안타깝게 여긴 진묵은 산신령에게 부탁하여 이 지역의 모기를 전부 쫓아버렸다고 한다. 왜막촌은 오늘날 전주시 아중리(牙中里) 지역을 가리키는데, 이 주변에는 모기로 인해서 고통 받는 사람이 없었다고 전한다.

어머니가 돌아가시자 그는 불거촌에 '자손이 없어도 천년 동안 향화(香火)를 받을 수 있는 자리(無子孫千年香火之地)'에 모시고 제사를 모셨다. 흥미로운 것은 이곳에서 제사를 지내면 농사가 잘 되었기 때문에 먼 곳에 있는 사람들까지 찾아와 묘소를 돌보았다고 한다. 그러한 전통은 지금까지 전해지고 있는데, 그의 어머니 묘와 비가 모셔진 성모암(聖母庵)에는 효의 의미를 새기려는 사람들의 발길이 끊이지 않고 있다. 〈진묵조사유적고(震默祖師遺蹟攷)〉를 쓴 초의선사(草衣禪師, 1786~1866)는 그를 가리켜 '동양의 소석가(小釋迦)이자 효를 실천한 민족의 대스승'이라고 기록하면서 이런 말을 남겼다.

"인간이 못 되는 사람이 어찌 중생의 스승인 붓다가 될 수 있겠는가. 진묵조사는 인간의 도리를 훌륭히 하신 분이다."

효의 의미가 퇴색되고 있는 오늘날 진묵의 이야기는 시사하는 바가 크다 할 것이다. 그의 마지막 모습도 인상적이다. 입적의 시간이 다가오자 그는 목욕재계하고 깨끗한 옷으로 갈아입은 후 제자와 함께 외출을 하게 된다. 어느 시냇가에 이르자 그는 물속에 비친 자신의 모습을 가리키면서 이렇게 말한다.

"저것이 바로 붓다의 그림자니라."

곁에 있던 제자가 그것은 스님의 그림자라고 말하자 진묵은 탄식하면서 "너는 나의 허망한 모습만을 알 뿐, 붓다의 참 모습을 모르는구나."라고 하였다. 그리고 절로 돌아와 제자들과 법담을 나누다가 고요 속으로 떠난다.

붓다의 그림자

진묵조사에 대한 이야기를 대학 시절 수업시간에 처음 들었다. 그때 선생님은 전북 지역에 진묵이라는 선사가 있었는데, 그의 정신세계가 얼마나 광활한지 설명하면서 칠판에 시 한 편을 소개하였다.

"하늘은 이불, 땅은 요, 산은 베개로 삼고 달은 촛불, 구름은 병풍 삼아 바다를 마시네. 크게 취해 거연히 일어나 춤을 추니, 긴 소맷자락 곤륜산에 걸릴까 저어되네(天衾地席山爲枕 月燭雲屛海作樽 大醉居然仍起舞 却嫌長袖掛崑崙)."

이 시를 읽으면서 온 우주를 자신의 집으로 삼아 한바탕 노니는 진묵의 마음 크기에 나도 모르게 매료되고 말았다. 도가(道家)의 장자(莊子)가 죽음이 다가왔을 때 장례를 후하게 치르겠다는 제자들을 향해 '태양과 대지가 나의 관'이라고 외쳤던 장면도 떠올랐다. 도대체 어느 정도의 경지에 올라야 이런 말들을 자신의 언어로 토해낼 수 있을까? 문득 진묵이라는 법호에 담긴 의미를 놓치고 있다는 생각이 들었다. 그의 이름을 우리말로 풀면 '천둥(震) 같은 침묵(黙)'이라는 뜻이 된다. 참으로 역설적인 이름이다. 침묵은 소리가 없는 상태인데, 천둥처럼 굉음을 내는 침묵이라 했기 때문이다.

'천둥 같은 침묵'이라는 말은 본래 유마거사와 관련이 깊다. 유마가 병이 났을 때 문수보살은 붓다의 10대 제자와 함께 병문안을 간 적이 있었다. 병문안을 마치고 그들은 불이법(不二法)을 주제로 토론을 이어갔는데, 각자 자신의 견해를 소신 있게 밝혔다. 다른 사람의 의견을 경청하고 나서 문수보살은 둘이 아닌 진리는 도저히 말로 표현할 수 없다고 하였다. 유마의 차례가 오자 그는 한마디 말도 없이 그저 침묵만을 지킬 뿐이었다. 말로 표현할 수 없기 때문에 그렇게 한 것이지만, 이 침묵은 주위 사람들을 압도하고 말았다. 이를 가리켜 사람들은 '천둥 같은 침묵'이라고 부르게 되었다. 역설적이지만 천둥 같은 침묵은 다름 아닌 붓다의 장광설(長廣舌)이었던 셈이다.

그렇다면 천둥 같은 침묵, 장광설을 통해 진묵이 우리에게 전하고자 한 메시지는 무엇일까? 바로 그가 마지막에 제자에게 남긴 '저것이 붓다의 그림자'라는 가르침이다. 이는 곧 우리 자신이 붓다라는 의미다. 제자는 붓다의 그림자라는 의미를 몰랐지만, 우리는 이를 놓치면 안 된다. 붓다의 아들, 딸인 불자(佛子)는 본질적으로 붓다일 수밖에 없다. 불성(佛性)이라는 DNA가 같으니까 말이다. 하지만 본질이 아무리 붓다라 하더라도 이러한 실상을 알지 못하면, 아무런 소용이 없다. 불성이 작동하지 않으면 그저 탐내고 성내며 어리석은 중생에 불과할 뿐이다. 모두가 붓다지만, 아무나 붓다처럼 살 수는 없는 것이다. 그렇기 때문에 스스로 붓다임을 자각하고 이를 일상에서 실천할 수 있도록 노력하는 것이 무엇보다 중요하다.

앞서 언급한 성모암에는 진묵의 어머니를 모신 고씨례전(高氏禮殿)이라는 공간이 있다. 그의 어머니를 성모(聖母)라고 부르는 것도 특이하지만, 이곳에 전(殿)이라는 이름을 붙인 것도 주목할 필요가 있다. 불교에서는 붓다나 보살을 모신 공간을 전이라 부르고 성인을 모신 곳을 각(閣)이라 한다. 붓다를 모신 대웅전, 관음보살을 모신 관음전이 대표적이다. 그러니까 진묵의 어머니는 산신각(山神閣)이나 독성각(獨聖閣)보다 높은 불보살의 대접을 받고 있는 셈이다.

왜 그럴까? 이유는 단순하다. 진묵의 어머니 또한 본질적으로 붓다이기 때문이다. 진묵은 어머니 붓다가 살아계실 때는 지극정성으로 모셨으며 돌아가신 후에는 예를 갖추어 추모했던 것이다. 붓다가 또 다른 붓다에게 예경을 드린 셈이다. 이는 곧 진묵의 불성이 현실에서 작동했기 때문에 가능한 일이었다. 그의 제자처럼 불성이 작동하지 않으면, 붓다의 그림자를 보고도 단지 중생의 그림자라고만 여길 뿐이다. 진묵의 지적처럼 허망한 모습만 보았을 뿐붓다의 참 모습을 몰랐던 것이다.

진묵은 입적에 드는 순간에도 스스로가 곧 붓다임을 일깨우기 위해 제자들과 법담을 나누었다. 하지만 그들의 모습은 실망 그 자체였다. 고작 한다는 말이 누구의 종승(宗乘)을 이어받느냐는 질문이었던 것이다. 스승은 한동안 침묵하다가 무슨 종승을 잇고 말 것이 있느냐고 되물었다. 여전히 그들은 '뭣이 중헌디?'를 모르는 있었던 것이다. 이 장면을 안타깝게 여긴 초의는 제자들의 질문은 스승의 의중을 헤아리지 못한 것이라고 지적하면서 이렇게 말했다.

"물어야 할 것은 묻지 않고 묻지 말아야 할 것을 물었다."

어쩌면 우리도 진묵의 제자처럼 정작 중요한 것을 놓치고 사는 것은 아닐까 자문해 본다. 얼굴이 빨갛게 달아오르는 것을 보니 스스로 부끄러운 모양이다. 하지만 괜찮다. 『중용』에서도 "부끄러움을 아는 것은 용기에 가깝다(知恥近乎勇)."고 하지 않았는가. 그러니 용기를 내어 붓다의 마음으로 주위를 둘러보자. 그러면 우리 모두가 붓다라는 사실을 알게 될 것이다. 가장 가까운 곳, 삶의 터전인 가정에서부터 보자면 나와 형제자매, 어머니와 아버지 모두 붓다다. 그렇다면 부모가 계신 곳이 모두 성모암, 성부암(聖父庵)이 아니겠는가. 효도해야 할 분명한 이유가 있는 셈이다. 진묵이 오늘의 우리에게 남긴 메시지도 효란 곧 어머니, 아버지 붓다에게 예경하는 일이라는 것이었다.

인생, 비극인가 희극인가?

희대의 요승이라고?

제주에 갈 때마다 들르는 곳이 두 군데 있다. 한 곳은 한라산에 자리한 존자암(尊者庵)이며, 다른 한 곳은 조촌에 위치한 평화통일 불사리탑이다. 존자암은 부처님의 16대 아라한인 발타라 존자가 불법을 전하기 위해 붓다의 사리를 모시고 왔다는 도량이다. 사실 여부와 관계없이 제주 불자들의 신앙심이 응축된 곳이라 암자를 찾아 사리탑에 참배를 한다. 그리고 평화통일불사리탑을 찾는 이 유는 그곳에 허응보우(虛應普雨, 1509~1565)의 동상이 모셔져 있기 때문이다. 불교의 부흥을 위해 진력하다 제주에 귀양 와서 참형을 당한 그를 기억하기 위해서 들르곤 한다. 승자에 의해 기록된 역사 에서 그는 '희대의 요승(妖僧)'으로 평가되고 있다. 그는 정말 나라 를 어지럽힌 요승이었을까?

보우의 고향이나 출생지에 대한 자세한 기록은 전하지 않는다. 흔히 불리는 허응당((虛應堂)은 그의 당호이며, 법호는 나암(懶庵)이다. 어려서 부모를 잃고 양주 용문사에서 행자 생활을 하다가 15세에 금강산 마하연으로 출가를 한다. 그는 이곳에서 6년 동안 치열한 정진 끝에 깨침에 이르게 되는데, 이때 지은 게송이 '등오도산(登悟道山)', 즉 '도를 깨친 산에 오르다'라는 제목의 시로 전하고 있다.

> "도라 이름 지은 산이 보고 싶어 지팡이 짚고 종일 고생하며 올랐네. 오르고 오르다 문득 산의 참 모습을 보니, 구름은 절로 높이 날고 물은 절로 흐르네(以道名山意欲看 杖藜終日苦躋攀 行行忽見山眞面 雲自高飛水自湲)."

보우가 활동했던 당시는 그야말로 불교의 암흑기였다. 잘 알려진 것처럼 조선은 성리학을 이념으로 건국된 나라였기 때문에 불교에 대한 탄압은 어느 정도 예견된 일이었다. 하지만 그들의 불교 탄압은 도를 넘어서 거의 말살 수준에 가까웠다. 이러한 상황은 인종(仁宗) 때까지 이어지다가 조선 13대 임금인 명종(明宗)이 즉위한 이후 조금 바뀌게 된다. 명종의 모후인 문정왕후(文定王后)가 수렴청정을 하면서 대신들의 강력한 반발에도 불구하고 불교에 대한 지원을 강화했기 때문이다. 보우는 이때 등장해서 문정왕후를 도와 불교계의 부흥을 이끈 인물이다.

虚應堂普雨大師眞影

당시 보우는 꺼질 것 같은 불교의 전통을 지키기 위해 임금에게 중요한 제언을 하고 이를 실천으로 옮긴다. 먼저 그는 연산조 때 폐지된 승과(僧科)를 부활시키는데, 이때 치러진 시험에서 휴정이나 유정과 같은 뛰어난 인물이 합격하게 된다. 그들이 중심이 되어 임진왜란을 승리로 이끌었다는 점에서 볼 때, 승과의 부활은 큰 의미를 지닌다 할 것이다. 선교양종(禪教兩宗)을 부활시킨 것도 간과해서는 안 되는 일이다. 이때 선종(禪宗)의 본사로 봉은사(奉恩寺)가 지정되고 봉선사(奉先寺)는 교종(教宗)의 본사로 지정되어 불교의 명맥을 이어가게 된다. 황폐화된 도량들을 복원하여 불자들의 귀의처가 되도록 한 것도 빠뜨릴 수 없는 그의 업적이라 할 것이다.

하지만 문정왕후가 세상을 떠나자 상황은 180도 바뀌게 된다. 유학을 숭상하는 나라에서 불교를 지원한 모든 책임이 보우에게 지워졌다. 보우를 처벌하라는 유생들의 상소가 이어졌고 마침내 그는 승직을 박탈당하고 제주도로 유배되기에 이른다. 그의 비극은 여기에서 끝나지 않는다. 당시 제주목사였던 변협(邊協, 1528~1590)에 의해 보우는 장살(杖殺)을 당하고 만다. 불교의 중흥을 위해 온몸을 바친 한 선사를 곤장으로 때려죽인 것이다. 그의 나이 56세 때의 일이다. 그리고 유자(儒者)들은 역사에서 보우를 나라를 망친 희대의 요승으로 기록하였다.

역사가 승자의 기록임을 부인하기는 힘들다. 그들이 보우를 요승으로 기록했다고 해서 그가 요승이 되는 것은 아니다. 그는 역사에서 사라질 수도 있었던 우리의 전통사상이자 문화인 불교를 지켜낸 거룩한 인물이다. 특히 불자들에게 있어 보우는 고맙고 자랑스러운 존재가 아닐 수 없다. 그의 희생이 있었기 때문에 지금 우리는 붓다의 가르침과 만날 수 있는 것이다. 앞서 언급한 것처럼 제주를 갈 때마다 보우를 떠올리는 이유이기도 하다.

그는 참형을 당하기 직전 한 편의 게송을 남기고 열반에 든다. 삶과 죽음을 초연한 선사로서의 모습이 느껴져 경외감이 절로 이는 시다.

> "허깨비가 허깨비 마을에 들어가 50여 년 광대놀이를 하였네. 영욕의 인생 잘 놀았으니, 승려의 탈을 벗고 푸른 하늘에 오르네(幻人來入幻人鄕 五十餘年作戲狂 弄盡人間榮辱事 脫僧傀儡上蒼蒼)."

멀리서 보면 인생은 희극

『경국대전』에는 '금유생상사지법(禁儒生上寺之法)'이라는 조항이 있다. 글자 그대로 유생들이 절에 출입하는 것을 금지하는 법이다. 이는 본래 유생들이 불교를 신봉하는 것을 차단하기 위한 조치였지만, 보우는 이 법을 사찰을 보호하기 위한 방편으로 적극 활용한다. 과거공부를 위해 절에 온 유생들이 물건을 훔치거나 난동을 부리는 등의 폐해가 심각했기 때문이다. 실제로 사찰에서 온갖 횡포를 부리다가 처벌된 유생도 있었다. 신하들은 정부의 이러한 처사에 반발하면서 오히려 보우를 처벌하고 유생을 풀어달라는 상소를 올린다. 하지만 문정왕후는 다음과 같은 명분으로 단호하게 이를 거절한다.

"이유 없이 승려들을 괴롭히고 법당에 난입하여 도둑질하는 행위를 처벌하지 않으면 뒷날의 폐단이 걱정된다."

사찰을 훼손하는 자를 처벌하는 것은 지극히 당연한 일인데도 보우는 이 사건을 계기로 유생들의 공공의 적이 된다. 우리가 역사를 통해 승과와 선교양종의 부활 등을 보우의 활약이라고 배웠지만, 이 일을 실현하기까지 얼마나 많은 고통이 따랐겠는가. 사찰에서 난동 부리는 유생을 처벌하는 것도 이렇게 어려운데 말이다. 보우는 사찰을 지키고 붓다의 가르침을 전승하기 위해 온몸을 바쳤다. 자신이 지금 이 일을 하지 않으면 불법(佛法)이 영원히 끊길 수 있다고 생각했던 것이다. 이러한 소명의식을 가지고 한평생을 살았지만, 그에게 돌아온 결과는 제주에 유배되어 맞아 죽는 일이었다. 비극도 이런 비극이 있을 수 없다.

"인생은 가까이서 보면 비극이지만 멀리서 보면 희극이다."

한때 무성영화 시대를 풍미한 희극인 찰리 채플린(Charles Chaplin, 1889~1977)의 유명한 말이다. 우스꽝스러운 콧수염과 중절

모를 쓴 채플린의 모습을 보면 그가 희극배우라는 사실을 알 만큼 웃음부터 나오지만, 그의 인생은 어린 시절부터 매우 비극적이었다. 술주정뱅이 아버지와 정신병에 걸린 어머니 사이에서 그는 고아처럼 살아야 했다. 어려운 환경을 극복하고 성공 가도를 달리던 1950년대에는 보수주의자들에 의해 공산주의자로 매도되어 미국 정부로부터 추방을 당하기도 하였다. 그럼에도 불구하고 채플린은 대중들에게 항상 웃는 모습을 보여준 희극인이었다. 그의 말처럼 가까운 곳에서는 비극처럼 보이지만 멀리서 관조하면 희극이었는지도 모르겠다.

채플린의 이 말을 보우의 삶에 적용해 보면 또 다른 의미로 다가온다. 누가 보더라도 그의 삶의 비극적이었다. 보우는 어려서 부모를 잃고 절에서 자라야 했다. 그는 수행자로 살고 싶었지만 불법을 지켜야 한다는 소명감 때문에 고요한 산사에 안주할 수 없었다. 현실 세계로 뛰쳐나와 억불숭유의 나라에서 불교의 중흥을 위해 온몸을 바쳐야 했다. 그 대가로 제주로 유배되어 죽임을 당했으니, 그의 삶은 비극 자체였다.

이처럼 그의 삶은 비극처럼 보이지만, 보우는 죽음 앞에서 조금도 비극적인 장면을 연출하지 않았다. 그는 죽어가면서 자신의 50여 년의 삶을 한 편의 광대놀이(戱狂)에 비유하였다. 안타까운 죽음에 우리는 울고 있는데, 그는 초연하게 웃고 있는 것이다. 보우는 승려라는 옷을 입고 영욕으로 점철된 세상에서 한바탕 잘 놀다가 소풍을 마쳤다. 그 놀이가 끝나자 아무런 미련 없이 승려의 옷을 벗고 푸른 하늘로 올라간 것이다. 비극처럼 보이는 한 편의 연극을 희극으로 만든 셈이다.

그렇다면 비극처럼 보이는 삶을 희극으로 만든 힘은 어디서 나온 것일까? 개인적으로 소명의식과 수행력에서 그 원인을 찾고 싶다. 그는 쓰러져가는 불교를 다시 일으켜 세워야 한다는 강한 사명감을 가지고 있었다. 하지만 성리학의 나라 조선에서 소명의식만으로 그 힘든 상황을 버틸 수는 없는 일이다. 대신들과 유생들의 공격이 그만큼 강력했던 것이다. 아마 그 공격을 모두 감당했다는 중압감을 이기지 못하고 쓰러졌을지 모른다.

이때 필요한 것이 바로 무겁고 엄중한 상황을 가벼운 마음으로 바라보는 일이다. 이는 수행력이 뒷받침되지 않으면 결코 나올 수 없는 일이다. 그는 대신들의 공격을 경계라 생각하고 공부하는 마음으로 웃어넘겼다. 그 모든 상황을 멀리서 관조하는 마음으로 바라보았던 것이다. 비극을 희극으로 연출할 수 있었던 이유가 여기에 있다.

소인들 눈에 보우의 삶은 비극으로 보이겠지만, 그 덕분에 한국 불교는 오늘까지 소중한 전통을 지킬 수 있었다. 채플린의 말처럼 멀리서 보면 한 편의 희극이었던 셈이다. 하지만 희극을 연출하기 위해 감내해야 했던 한 선사의 고단함을 적어도 우리 불자들은 잊어서는 안 된다. 사명대사 유정이 남긴 보우에 대한 찬사를 전하면서 글을 마치는 이유다.

"대사는 동방의 작은 나라에서 태어나 백세(百世)에 전하지 못하던 법을 얻었다. 지금의 학자들이 대사로 말미암아 나아갈 곳을 얻었고 불도가 마침내 끊어지지 않았다. 대사가 아니었다면 영산(靈山)의 풍류와 소림(少林)의 곡조가 없어질 뻔 하였다."

29. 경허성우(鏡虛惺牛)

우리는 어떤 존재인가?

콧구멍 없는 소

삶과 죽음은 무엇이며, 우리는 어디서 왔다 어디로 가는 것일까? 이러한 문제의식이 생기면 사람들은 자연스레 종교를 찾게 된다. 때로는 성직자나 수행자가 되어 이 문제가 풀릴 때까지 깊이 궁리하기도 한다. 어떤 이는 삶과 죽음을 한 조각 뜬 구름(浮雲)이 일어나고 사라지는 것처럼 실체가 없다(無實)고 노래하며, 인생은 아침이슬(朝露)이나 저녁노을(西光)처럼 짧다고 말하는 이도 있다. 들으면 들을수록 고개가 끄덕여진다. 하지만 죽음이라는 현실이 눈앞에 다가와도 이런 시를 읊을 수 있을까? 아무리 사랑하는 부모라 해도 그 시신 앞에서 인간은 무서움을 느끼기도 한다. 죽음이란 그만큼 두렵고 떨리는 사건인 것이다.

이런 이야기를 하는 이유는 이번 주제인 경허성우(鏡虛惺牛,

1846~1912)를 깨침으로 이끈 것도 죽음에 대한 두려움이었기 때문이다. 도대체 그에게 무슨 일이 있었던 것일까?

경허는 조선 후기 꺼져가던 선불교의 불씨를 되살리고 오늘의 한국불교를 있게 한 선승이다. 그는 전북 전주 출생으로 속명은 송동욱(宋東旭)이며 호는 경허, 성우는 법명이다. 9살의 나이에 아버지가 세상을 떠나자 그는 어머니의 손에 이끌려 과천에 자리한 청계사(淸溪寺)에 맡겨진다. 흔히 이야기되는 동진출가를 한 셈이다. 그곳에서 스승인 계허(桂虛)의 지도 아래 공부하다 14세에 이르러 동학사로 몸을 옮긴다. 남달리 총기가 뛰어났던 경허는 공부의 진척이 무척 빨라 23세라는 젊은 나이에 동학사에서 강사를 맡게 된다.

그러나 전도유망한 젊은 사문에게 예기치 못한 낯선 경험이 찾아온다. 당시 경허를 출가시킨 계허는 환속한 상태였는데, 문득 속가에 살고 있는 스승이 보고 싶었던 것 같다. 그는 스승을 찾아가는 길에 폭우가 내리자 어느 집 처마에서 비를 피하고 있었다. 그런데 그 동네는 전염병이 돌고 있는 지역이었다. 눈앞에서 죽어가는 시신을 보게 된 경허는 두려움에 떨고 있는 자신을 발견하고 큰 충격에 빠진다. 출가 후 누구보다 열심히 몰두했던 경전 공부가 죽음이라는 실존 앞에서 무용지물이 되었기 때문이다. 그 순간 잊고 있었던 근원적인 질문, '삶과 죽음은 무엇인가?'라는 문제의식이 일어났다. 잠자고 있던 경허의 삶(生)이 깨어나기(覺) 시작한 것이다.

가만히 있을 수 없었다. 그는 스승에게 향하던 발걸음을 멈추고 동학사로 되돌아왔다. 그리고 자신에게 경전 수업을 듣던 학인들

을 모두 돌려보낸다. 죽음 앞에서 떨고 있는 자신이 도대체 누구를 가르칠 수 있겠냐고 생각했던 것이다. 그는 생사의 문제를 해결하기 전에는 결코 일어나지 않겠다는 각오로 정진 모드에 들어갔다. 자신이 열심히 공부했던 경전도 모두 불태워버린다. 경전 속의 언어, 문자가 삶과 죽음의 문제를 해결해주지 않는다는 것을 생생하게 알았기 때문이다. 그는 간절한 마음으로 화두에 매달렸다. 그는 과연 백척간두(百尺竿頭)에서 한 발 앞으로 나아갈 수 있었을까?

화두와 치열하게 싸우고 있던 어느 날 경허의 귀에 밖에서 사람들이 대화하는 소리가 들려왔다. 출가자가 공부하지 않고 허송세월을 보내면 죽어서 콧구멍 없는 소로 태어난다는 내용이었다. 경허는 콧구멍 없는 소(無鼻孔)라는 말을 듣는 순간 닫혀 있던 마음의 문이 활짝 열렸다. 드디어 자신의 본성을 보고 깨침에 이르게 된 것이다. 이 소중한 체험을 그는 한 편의 게송으로 남겨 놓았다.

"문득 콧구멍 없다는 말에 삼천 세계가 나의 집임을 곧바로 깨치고 유월의 연암산 아랫길에 야인이 일 없이 태평가를 부르네 (忽聞人語無鼻孔 頓覺三千是我家 六月燕巖山下路 野人無事太平歌)."

소가 콧구멍이 없다는 것은 고삐에 묶여 있지 않다는 뜻이다. 그러니까 경허 스스로 그 어디에도 얽매이지 않는 대자유의 경지에 오르게 된 것이다. 그의 법명대로 마음이라는 소(牛)가 기나긴 잠에서 깨어난(惺) 셈이다. 그렇다면 공부를 모두 마친 것일까? 경허는 그렇게 생각하지 않았다. 현실에서 깨친 대로 살아가기 위한 끊임없는 수행이 필요하다는 것이다. 이를 보임(保任)이라 하는데, 본래 보호임지(保護任持)의 준말로 깨친 이후에도 자신의 불성을 잘 보호하고 지킨다는 뜻이다. 그는 끊임없이 자신을 채찍질하면서 수행자의 삶을 이어갔으며, 전국을 돌아다니면서 꺼져가던 선풍을 진작시키는 데 온 생애를 바쳤다.

그는 말년에 이르러 이름을 박난주(朴蘭洲)로 개명하고 삼수갑산 (三水甲山)에서 서당 훈장으로 지내면서 아이들을 가르치기도 하였다. 수많은 기이한 행적을 보이면서 자유인의 삶을 살던 그는 1912년 64세의 나이로 갑산에서 다음과 같은 열반의 노래를 남기고 고요 속으로 떠났다.

"마음 달이 홀로 둥글고 달빛이 만상을 삼켰네. 빛과 경계를 모두 잊으니, 다시 이것은 어떤 물건인가(心月孤圓 光吞萬像 光境 俱忘 復是何物)."

다시, 나는 누구인가?

경허의 열반송을 읽으면서 수많은 생각들이 오고갔다. 짧은 게송 속에는 우리에게 남긴 소중한 메시지가 담겨 있을 텐데, 이를 온전히 이해하기가 쉽지 않았기 때문이다. 그는 도대체 16개의 한자 속에 무슨 의미를 새겨 넣은 것일까? 짧은 소견으로 깨침을 향한 그의 열정과 진리에 대한 태도 등을 가늠해볼까 한다.

경허는 어디에도 걸림이 없는 자유인으로 살았던 인물이다. 그래서인지 기이한 행적이나 때로는 일반인들이 이해하기 힘든 파격적인 모습을 보이기도 하였다. 언젠가 한 승려가 경허에게 진리를 깨친 대선지식이 왜 술을 끊지 못하는지 물은 적이 있다. 이때 그는 아무리 마음이 부처임을 깨쳤다 하더라도 중생으로 살았던 습기가 남아 있어서 이를 제거하기 위한 시간과 수행이 필요하다고 말한다. 다음은 경허가 솔직한 자신의 심경을 전하면서 인용한 지눌의 『수심결』 내용이다.

> "문득 깨치면 부처와 다름없지만, 여러 생에 걸친 습기는 살아 있네. 바람은 잠잠하나 파도는 오히려 솟구치고 이치는 분명하나 망념은 엄습하네(頓悟雖同佛 多生習氣生 風靜波尙湧 理顯念猶侵)."

인간의 실존을 이처럼 생생하게 보여주는 구절이 있을까 싶다. 깨침과 현실적인 삶 사이에는 간극이 있기 마련이다. 그렇기 때문에 중생이 부처라는 실상을 깨쳤다 하더라도 일상에서 부처로 살아가기는 매우 어려운 일이다. 앞선 내용처럼 오랫동안 중생으로 살아오면서 익힌 습기는 단번에 제거할 수 없기 때문이다. "이치로는 돈오했어도 현실에서는 곧바로 제거되지 않는다(理卽頓悟 事非頓除)."는 『능엄경』의 내용도 이를 잘 보여주고 있다. 깨친 이후에도 지속적인 닦음을 강조하는 이유다. 이런 점에서 보임은 깨침과 삶

사이의 간극을 줄이기 위한 수행이라 할 수 있다.

예컨대 수십 년 간 피워온 담배를 끊는 것에 비유하면 이를 어렵지 않게 이해할 수 있다. 흡연의 위험성을 깊이 자각하고 금연을 굳게 다짐했더라도 오랫동안 피워온 습기가 남아 있기 때문에 일상에서 많은 노력을 해야 성공할 수 있다. 결혼과 함께 담배를 끊은 여성이 풋고추를 먹고서 그 씨를 담뱃재 털듯이 했다는 우스갯소리도 있지 않은가. 그만큼 무의식 속에 쌓인 습기는 일시에 제거하기 어렵다는 뜻이다. 경허는 이러한 상황을 있는 그대로 인정하고 과거의 업장을 제거하기 위한 노력이 필요하다고 지적한 것이다.

이렇게 끊임없이 정진했을 때 열반송에서 노래한 것처럼 마음이라는 달은 둥글게 빛날 수 있다. 탐욕과 성냄, 어리석음이라는 먹구름이 모두 사라졌기 때문에 마음 달이 온갖 사물을 삼키고 있는 것이다. 그야말로 달빛(光)과 대상(境) 사이의 경계가 모두 소멸되고 온통 하나인 세계가 펼쳐진 셈이다. 경허는 이러한 깨침의 소식을 전하면서 '다시 이것은 어떤 물건인가?', 즉 우리는 어떤 존재인지를 묻고 있다. 공부를 모두 마쳤다고 선언할 법도 한데, 혹여 자신이 본 세계가 업장이나 편견, 혹은 선입견에 입각한 것은 아닌지 다시 한 번 점검하고 있는 것이다. 여기서 우리는 진리를 대하는 경허의 열정과 겸손한 자세를 동시에 엿볼 수 있다.

'이것은 어떤 물건인가?'라는 질문은 자신이 모두 알았다고 생각하는 한 결코 나올 수 없다. 진리에 대한 겸손으로 끊임없이 성찰하고 수행했을 때만 가능한 일이다. 모든 것을 알았다고 생각하면 질문이 아니라 오만이라는 감정이 작동하여 더 이상 알려고 하지 않게 된다. 더 이상 질문이 나오지 않는, 공부인에게 매우 위험한 순간이 다가오는 것이다. 그래서 경허는 다시 이것이 어떤 물건이냐고 묻는 것이다. 이 물음은 어설프게 공부하고서 자칭 견성도인 흉내 내는 이들을 향한 날카로운 칼날과 같다. 『수심결』의 지적처럼 바람은 그쳤지만 잔잔한 파도가 여전히 남아 있어 우리들 삶을 지배하기 때문이다. 경허가 깨침 이후에도 자만하지 않고 스스로를 성찰하면서 끊임없이 정진했던 이유이기도 하다.

이는 우리들 일상에서도 중요한 의미로 다가온다. 우리나라 어머니들은 자신이 낳았으므로 자식을 가장 잘 안다고 생각하지만 이는 엄청난 착각이다. 그런 착각에 빠지면 더 이상 알려고 하지 않기 때문에 자녀들이 어떤 문제로 힘들어하는지 잘 모를 수 있다. 그 반대의 경우도 마찬가지다. 자식 역시 관심을 가지지 않으면 부모의 마음을 알 수 없는 것이다. 따라서 상대를 모두 알았다는 마음이 일어날 때 더욱 조심해야 한다. 다시 '이것이 무엇인가?'라는 질문을 던지고 따뜻한 마음으로 지켜보는 일이 필요하다.

경허는 우리에게 근원적인 질문을 던지면서 고요 속으로 떠났다. 우리는 어떤 존재인가 하고 말이다. 그러한 문제의식을 가지고 늘 성찰해야 자신뿐만 아니라 상대의 마음도 알 수 있지 않을까. 일을 모두 마치고 부르는 태평가는 이때 나오는 삶에 대한 찬가일 것이다.

일천 강에 비친 달

붓다가 된 엿장수

이정범 작가가 효봉학눌(曉峰學訥, 1888~1966)을 주제로 쓴 『붓다가 된 엿장수』라는 제목의 소설이 있다. 제목에서 드러나는 것처럼 효봉은 엿장수로 전국을 떠돌다 출가하여 깨달음을 얻고 붓다가된 인물이다. 이전에는 오늘날 고등법원에 해당하는 평양 복심법원(覆審法院)에서 판사를 지낸 것으로 알려졌다. 그에게 '판사 중', '엿장수 중' 등의 별명이 붙은 이유다. 말년에는 제자들이 질문을 하면 무조건 "몰라, 몰라."라고 답을 해서 '몰라 노장'이라는 별명이 생겼다. 입으로 항상 "무라, 무라" 하면서 무자(無字) 화두를 참구했다고 해서 '무라 노장'이라는 별명도 있다. 그렇다면 효봉은 왜 판사를 그만 두고 엿장수가 되었으며, 출가를 해서 붓다가 된 것일까?

효봉은 평안남도 양덕(陽德) 출신으로 속명은 이찬형(李燦亨)이

다. 어릴 때부터 신동 소리를 들으며 자란 그는 12살의 나이에 이미 사서삼경(四書三經)을 통달하게 된다. 14세 때에는 평양감사가 주최한 백일장에서 장원을 차지하기도 한다. 예전에는 장원급제를 하면 성균관에 입학할 수 있는 자격이 주어졌다. 하지만 갑오개혁(甲午改革) 때 과제제도가 폐지되면서 성균관이나 지방 향교 등이 쇠퇴하였기 때문에 장원급제를 통해 할 수 있는 일이 별로 없었다. 그래서 택한 것이 바로 신학문이었다. 그는 평양 광성보통학교와 평양 고등보통학교에서 공부를 마치고 일본으로 유학을 떠난다. 알려진 것처럼 효봉은 와세다대학 법학부를 졸업하고 귀국하여 남들이 부러워하는 판사생활을 시작한다.

하지만 그의 마음은 고통의 연속이었다. 일제강점기 시절 이 땅의 젊은이들은 잃어버린 나라를 찾겠다며 독립운동을 하고 있는데, 자신은 안락한 삶을 살고 있었기 때문이다. 남들의 눈에 화려하게 보였는지 몰라도 효봉의 마음은 부끄러움과 괴로움으로 가득했다. 특히 독립운동을 했다는 죄목으로 어느 젊은이에게 사형선고를 내린 이후 그는 극심한 자책감에 시달리게 된다. 어쩔 수 없는 선택이라 해도 효봉은 스스로를 용서할 수 없었다. 이를 잊기 위해 술에 의지했지만, 고통은 더욱 커질 뿐이었다. 효봉의 제자이자 무소유의 아이콘인 법정은 스승의 생애를 기록한 『달이 일천강에 비치리』라는 책에서 이 시절을 '화려한 지옥'으로 표현하였다.

가만히 있을 수 없었다. 그는 화려한 지옥에서 벗어나기로 결심하고 모든 것을 버리고 떠난다. 우리가 알고 있는 엿장수의 길, 아니 참회의 길이 시작된 것이다. 그는 3년간의 엿장수 생활 끝에 우연히 금강산 도인으로 알려진 석두화상(石頭和尙)을 만나 사문의 길로 접어든다. 그의 나이 서른여덟 살 때의 일이다. 당시로서는 매우 늦은 나이에 출가한 셈이다. 이때 스승에게 받은 법명이 원명(元明)이며 법호는 운봉(雲峰)이었다. 늦게 출가한 만큼 그는 다른 이들보다 더욱 간절한 마음으로 정진을 이어갔다. 이를 상징적으로 보여준 사건이 금강산 법기암(法起庵) 근처에 작은 토굴을 짓고 무문관(無門關)에 들어간 일이다. 깨달음을 얻기 전까지 결코 나오지 않겠다는 서원을 세우고 문이 없어서 밖으로 나올 수 없는 정진의 방으로 들어간 것이다. 그렇게 1년 6개월이 흐른 어느 날 그는 무문관을 박차고 나온다. 엿장수가 붓다가 되는 순간이다. 이 깨침의 순간을 그는 이렇게 노래하고 있다.

"바다 밑 제비집에 사슴이 알을 품고 타는 불 속 거미집엔 물고기가 차를 달이네. 이 집안 소식을 뉘라서 알랴. 흰 구름은 서쪽으로 달은 동쪽으로(海底燕巢鹿抱卵 火中蛛室魚煎茶 此家消息 誰能識 白雲西飛月東走)."

나와 세계를 가로막고 있던 벽이 깨져서 모두가 하나 된 경지를 그리고 있다. 바다와 땅, 하늘 사이에 벽이 모두 사라졌기 때문에 바다 밑 제비집에서 사슴이 알을 품고 불 속 거미집에서 물고기가 차를 달일 수 있는 것이다. 이처럼 우주와 하나인 세계에서 차 한

잔 마시는 것은 어떨까? 상상만 해도 즐거운 일이다. 그때 흰 구름은 무심코 서쪽으로 날고 달은 동쪽으로 달리고 있었다.

지금까지의 삶이 깨침을 향한 구도의 과정이었다면, 이후는 깨침을 실천하는 보살행으로 일관한다. 그는 금강산을 떠나 남쪽으로 내려와 송광사에 주석하게 되는데, 이때 꿈속에서 지눌의 16세 법손인 고봉(高峰, 1350~1428)으로부터 몽중설법(夢中說法)을 듣고 효봉이라는 법호를 받게 된다. 법명도 지눌(訥)을 배운다(學)는 의미를 담아 학눌로 바꾼다. 효봉학눌은 해인사, 동화사, 미래사 등 수많은 곳에서 선(禪)의 향기를 전했을 뿐만 아니라 정화운동을 통해 한국불교에 가득했던 먹구름을 걷어내고 새로운 봉우리(峰)를 밝게 드러낸다(曉). 그리고 재악산(載岳山) 표충사에서 다음과 같은 열반의 노래를 남기고 고요 속으로 떠난다.

"내가 말한 모든 법, 그거 다 군더더기. 오늘 일을 묻는가? 달이 일천 강에 비치리(吾說一切法 都是早駢拇 若問今日事 月印於千江)."

일천 강에 비친 달

효봉은 조계종 통합종단의 초대 종정을 지낸 고승이다. 그가 정화운동을 이끌면서 강조한 것은 첫째도 화합, 둘째도 화합이었다. "큰집이 무너지려 하니, 대중들은 힘을 합쳐 붙들라(大廈將崩 衆力扶持)."는 효봉의 메시지는 오늘에도 여전히 큰 울림을 주고 있다.

붓다의 가르침을 전승하는 승가에 대립과 갈등이 난무하면 한국 불교라는 큰집이 무너질 수 있기 때문이다. 그는 화합이라는 승가의 정신에 입각해서 정화운동을 이끌고 오늘의 한국불교를 있게한 선지식이다. 우리가 그에게 주목하는 이유다.

그렇다면 효봉은 삶과 죽음을 어떤 시선으로 바라보았을까? 이를 엿볼 수 있는 일화가 지금까지 전하고 있다. 박정희 대통령이 생일을 맞이하여 선사를 경무대로 초대한 적이 있다. 박정희는 초대에 응해줘서 감사하다는 인사와 함께 선사의 생일에 자신도 불러 달라고 하는데, 이때 효봉의 답변이 매우 인상적이다.

"생불생(生不生) 사불사(死不死)입니다. 살아도 산 것이 아니요 죽어도 죽은 것이 아닌데, 어찌 생일이 따로 있을 수 있겠습니까?"

이 부분을 읽으면서 나도 모르게 입에서 감탄사가 나왔다. 당대 최고의 권력자 앞에서 전혀 주눅 들지 않고 삶과 죽음의 이치를 단순하면서도 임팩트 있게 전했기 때문이다. 이를 〈반야심경〉 버전으로 표현하면, 삶과 죽음이 둘이 아닌(不二) 불생불멸(不生不滅)의 경지를 자유자재로 드러낸 것이다. 삶과 죽음은 얼음이 녹아서 물이 되고 그것을 끓이면 수증기로 변하는 현상과 같다고 할 수 있다. 모두 형태만 바뀌었을 뿐, 수소 원자 두 개와 산소 원자 하나(H_2O)로 이루어진 본래의 바탕(本質)은 다르지 않다는 뜻이다. 진리를 깨친 선사들이 한결같이 삶과 죽음을 하나라고 말하는 이유도 여기에 있다.

효봉은 중생들을 위해 남긴 모든 법을 군더더기라고 하면서 고요 속으로 떠났다. 하지만 그 군더더기가 윤회의 세계를 헤매고 있는 우리에게는 여전히 귀한 가르침으로 남아 있다. 중생들이 사는 곳이 우물 안이라면, 깨침의 세계는 우물 밖에 비유할 수 있다. 효봉은 우물 밖 진리의 세계를 체험하고 그곳에서 즐긴 것이 아니라 다시 안으로 돌아왔다. 이유는 단순하다. 우물 밖 소식을 전하기 위해서다. 하지만 안과 밖의 간극이 너무 넓어 중생들은 선사들이 전한 마음의 언어를 쉽게 이해할 수 없다. 그래서 효봉은 중생들이 이해할 수 있도록 우물 안의 언어로 친절한 안내서를 만들어 진리의 세계를 전하였다. 그는 고요 속으로 떠나면서 이를 군더더기라고 표현한 것이다.

진리의 세계를 체험한 견성도인에게 우물 안에서 남긴 말이 군더더기일지 몰라도 중생들에게는 우물 밖 소식을 들을 수 있는 소중한 가르침이다. 한마디로 어리석음에서 벗어나 마음의 눈을 뜰 수 있는 자상한 안내서라는 뜻이다. 그가 송광사와 해인사, 동화사 등에서 남긴 수많은 법문들이 바로 이것이다. 이러한 가르침을 통해 효봉은 근원적인 질문, 즉 '나란 무엇이며, 어떻게 살 것인가?'를 우리에게 묻고 있다. 열반송에서 말하고 있는 '오늘의 일(今日事)'이 바로 그것이다. 우물쭈물하면서 머리를 긁적이고 있는 우리에게 효봉은 일천 강에 비친 달로 답을 하고 있다. 우리는 과연 그가 떠나면서 남긴 법문을 제대로 들을 만큼 귀가 열려 있을까? 마음 밭(心田)을 잘 가꾸고 있느냐는 뜻이다. 그의 게송을 군더더기로 만들지, 아니면 진리를 향한 안내서로 가꿀 것인지는 우리에게 달린 문제다.

개인적으로 몇 해 전부터 효봉선사 에세이를 쓰고 있다. 그가 수행한 도량을 순례하고 내가 느낀 그의 생애와 사상을 정리하는 중이다. 마지막으로 답사한 곳이 효봉이 열반에 든 표충사였다. 그날 재악산 하늘에서는 비가 내리고 있었다. 문득 젊은 시절 자주 들었던 산울림의 〈그대 떠나는 날에 비가 오는가〉라는 노래가 생각났다. '하늘도 이별을 우는데, 눈물이 흐르지 않네'라는 가사가 떠올랐던 것이다. 그래서 '효봉이 떠나던 그날 하늘은 이별을 슬퍼했을까?'라는 질문과 함께 글을 써내려갔다. 삶과 죽음은 둘이 아니라고 보았던 효봉을 생각하면서 이렇게 결론을 맺었다.

"그는 죽었지만 죽은 것이 아니다. 그래서 그가 떠나는 날 하늘은 슬퍼하거나 울지 않았다. 그저 아무 말 없이 무심(無心)하게 있었을 뿐이다. 하늘은 본래 그렇다."

하늘이 무심한 것처럼 일천 강을 비추고 있는 달도 여전히 무심하다. 그 소식을 알아차리는 것 또한 우리들 각자의 몫이다.

에필로그

선불교를 공부하다 보면 자연스레 선사들이 남긴 열반송(涅槃頌)을 접하게 된다. 열반송은 죽음을 노래하는 한 편의 시라고 할 수 있다. 삶을 마감하면서 살아 있는 이들에게 남긴 마지막 언어인 셈이다. 그 속에는 한 인물의 전체 삶이 압축되어 있어서 그가 어떻게 살았는지 가늠해볼 수 있다. 우리가 열반송에 주목하는 이유이기도 하다. 이를 통해 우리는 인문학의 근본 물음인 '인간이란 무엇이며, 어떻게 살 것인가?'에 대한 해답을 모색해 볼 수 있다. 모두가 수긍하는 완벽한 정답은 없겠지만, 삶과 죽음에 대한 사유를 통해 나만의 답은 찾을 수 있다. 자신만의 답을 찾은 사람과 그렇지 않은 사람의 삶이 질적으로 같을 수는 없다. 그 답을 찾은 사람은 사는 대로 생각하는 것이 아니라 생각대로 사는 주체적인 삶을 펼칠 수 있다. 우리가 삶과 죽음을 성찰하는 이유이기도 하다.

지난 1년 동안 〈불교신문〉에 글을 연재하면서 독자들로부터 다양한 의견을 들을 수 있었다. 산속 토굴에서 수행 중인 어느 스님은 신문을 보고 직접 전화를 주기도 하였다. 나이 80이 넘었다고 소개한 스님은 '어떻게 하면 아름답게 죽음을 맞이할 수 있을까?' 고민하고 있었는데, 마침 〈불교신문〉을 통해 이런 글을 읽을 수 있어서 감사하다는 소감을 전해주었다. 교도소에 수감 중인 어느 수인으로부터 받은 편지 또한 인상적이었다. 그 독자 역시 교도소에서 〈불교신문〉을 읽고 편지를 보내온 경우다. 편지에는 수감 생활을 하는 동안 불교 공부와 수행을 열심히 하겠다는 서원을 세우고 정진하고 있다는 내용이 포함되어 있었다. 무척 반가우면서 고마운 마음이 들었다. 독자들로부터 반응을 들을 때마다 한 줄을 쓰더라도 정성을 다해야겠다는 생각을 다시금 하게 된다. 이 자리를 빌려 감사의 마음을 전하고 싶다.

글을 쓰는 내내 '선사들은 왜 그리도 멋지게 가셨을까?' 하는 의문이 들었다. 생각해보니 이유는 단순했다. 모두 멋지게 살았기 때문에 삶을 멋지게 마감할 수 있었던 것이었다. 그들의 마지막 모습을 보면서 '나도 그들처럼 갈 수 있을까?' 질문은 던져보지만, '그렇다'는 대답이 쉽게 나오지 않는다. 그래서 지금부터라도 해야 할 일이 더욱 분명해진다. 그것은 다름 아닌 잘 사는 일이다. 이 책에 소개된 선사들처럼 살 수는 없겠지만, 어떤 것이 잘 사는 길인지 끊임없이 성찰하고 실천을 해야 할 것 같다. 그리고 일상에서 잘못을 했을 때는 참회와 발원을 하면서 그들을 조금이라도 닮아가도록 해야겠다.

글을 쓰면서 아쉬운 점이 있었다. 불교의 역사에서 중요한 인물이라 다루고 싶었지만, 열반송을 남기지 않아 소개하지 못했다는 것이다. 대혜종고(大慧宗杲)처럼 열반송도 집착이라 생각해서 게송을 남기지 않은 선사들도 적지 않았다. 대혜는 비록 제자들의 성화에 못 이겨 게송을 남겼지만, 열반송이 없으면 죽지도 못하느냐는 일갈을 하였다. 요즘말로 쿨하게 고요 속으로 떠나고자 했던 것이다. 그들은 자연스럽게 죽음을 맞이하고 싶었는데, 어쩌면 하나라도 더 남겨야 한다는 우리 중생들의 욕심이 아닐까도 싶었다. 아무튼 열반송이 없어서 다루지 못한 인물들에 대해서는 기회가 주어진다면 그들이 깨친 순간 남겼던 오도(悟道)의 노래를 오늘의 시선에서 해석해 보고 싶다.

아무쪼록 이 한 권의 책이 어떻게 살아야 할지 고민하는 이들에게 작은 도움이 되었으면 하는 바람이다. 우리도 붓다처럼 선서(善逝), 그러니까 참으로 잘 갈 수 있으면 좋겠다.

불교신문명상시리즈 / **죽음 명상**

죽음을 철학하는 시간

초판 1쇄 인쇄일	2022년 9월 22일
초판 1쇄 발행일	2022년 9월 28일
글	이일야
발행인	현법스님
주간	오심스님
발행처	대한불교조계종 불교신문사
책임편집	여태동
편집제작	선연
출판등록	2007년 9월 7일(등록 제300-207-133호)
주소	서울시 종로구 우정국로 67 전법회관 5층
전화	02)733-1604
팩스	02)3210-0179
e-mail	tdyeo@ibulgyo.com

© 2022, 이일야

ISBN 979-11-89147-28-0 13220

값 16,000원